Giuseppe Cruciani

VIA CRUX

Contro il politicamente corretto

CAIRO

ISBN 978-88-309-0400-2
Prima edizione: luglio 2024
Seconda edizione: luglio 2024

Sommario

VIA CRUX

Tutto quello che pensate
e non avete il coraggio di dire

Introduzione

Io sono per l'antifascismo, l'anticomunismo,
l'antiterrorismo, l'antimafia, tutto quello che volete.
Ma soprattutto sono per l'anticretinismo,
che è la malattia più diffusa.

Politicamente corretto, il nemico

Siamo sottoposti a una pressione di cui non ci accorgiamo neanche più – ormai siamo completamente assuefatti a tutto –, che ci induce a modificare il nostro linguaggio, a eliminare alcune parole, a preferirne altre. Ci arriva da tutte le parti, dalla tv, dai giornali, dai film, dai programmi televisivi, persino quelli di intrattenimento popolare. Tale spinta, che assomiglia a una specie di lavaggio del cervello, ha un nome preciso: si chiama «politicamente corretto». Parlare sporco è proibito, come lo è utilizzare certe espressioni perché ritenute offensive, vocaboli che abbiamo usato per centinaia di anni sono ormai banditi in nome dell'inclusione e del rispetto e ogni deviazione viene punita severamente.

Oggi il politicamente corretto rappresenta il nemico assoluto della libertà di espressione e una gabbia all'interno della quale rischia di morire la creatività, ma soprattutto l'individualità. L'obiettivo, infatti, di questo martellamento quotidiano, è quello di trasformare le persone, renderle alla fine tutte uguali. Obiettivo per ora fallito, ma la battaglia è ancora in corso.

Da cosa deriva tutto questo interesse nei riguardi del linguaggio? Be', il motivo è semplice: cambiare le parole comporta modificare i pensieri. E, a sua volta, modificare i pensieri è una maniera, di sicuro la più efficace, di dominare l'individuo singolo e pure le masse. Coloro che esercitano il controllo sulle parole esercitano il controllo sulle nostre esistenze. Chi controlla le parole controlla tutto, controlla le nostre vite, perché le parole sono libertà. E cercare di reprimerle, provare a modificarle, punire chi non si adegua, è una forma di tirannia. Una forma di totalitarismo ancora più insidiosa, poiché velata, mascherata di buone intenzioni.

Siamo come robot

Siamo come robot, come gli avatar dell'intelligenza artificiale. Ci ficcano in testa quello che vogliono. Ora, c'è chi si adatta e subisce passivamente tale indottrinamento, e chi, invece, si ribella, non ci sta, si oppone.

Io ritengo senza dubbio alcuno di appartenere a quest'ultima categoria di persone che non si fanno mettere in testa qualsiasi stronzata, non mi lascio abbindolare facilmente. Faccio, però, una doverosa premessa, e che questo sia chiaro: non ho la minima intenzione di fare il guru, o di diventare uno di quei molesti predicatori che peraltro ho sempre avversato, non ho la verità in tasca e neppure nelle mutande, non aspiro a insegnare qualcosa a qualcuno, anzi, sono letteralmente allergico a quelli che pretendono di spiegarti come devi campare, come devi comportarti, dunque come si sta al mondo. Sono solo un uomo che non può fare a meno di dire quello che pensa, e non per aumentare il numero di follower o di adepti, bensì allo scopo di offrire il mio punto di vista a quanti siano disposti ad ascoltare e ne abbiano voglia.

Ecco, potrei dire che il mio obiettivo sia unicamente questo, ossia essere ascoltato, che non è poca roba. Magari alcuni di voi si ritroveranno nei miei discorsi, in ciò che provo, nella mia insofferenza ormai cronica a quel maledettissimo «politicamente corretto» di cui vi racconterò. Io non voglio – e ripeto, non voglio assolutamente – che qualcuno esamini, ispezioni, verifichi, censuri o approvi quello che mi esce dalla bocca. Non voglio che qualcuno stabilisca quello che devo dire, come lo devo dire e quello che non posso dire. Alla fine, cazzo, non chiedo mica la luna. Ragazzi, si tratta della libertà di espressione, diritto inviolabile, mica pizza e fichi.

Cancellare il passato

Avete mai sentito parlare della «cultura della cancellazione»? Lo dico in italiano, quelli bravi invece dicono *cancel culture*. Tutto è nato negli Stati Uniti, considerati straordinaria patria di ogni libertà, ma anche fattoria dei peggiori orrori. Gli States sono la culla sia del politicamente corretto che, appunto, della *cancel culture*. Già l'espressione stessa è eloquente, rimandando all'intolleranza, alla soppressione di qualcosa allo scopo di liberarsene. E il bello è che i paladini di questa porcheria si definiscono democratici, inclusivi, tendenzialmente di sinistra, a favore dei diritti di tutti, e chi più ne ha più ne metta.

Bene, ma che cosa significa esattamente «cultura della cancellazione»? Non ho voglia di spiegarvelo qui. Se volete, andate a fare un giretto su Google, così vi fate un'idea precisa. La sintesi è questa: se un libro, un autore, una statua, uno spettacolo, un film vengono ritenuti discriminatori, o potenzialmente in grado di ricordare o fomentare il razzismo verso i neri (o i negri), se solo un termine, un'espressione, un personaggio possono, secondo questi sacerdoti del linguaggio, nuocere a un'entità, a una categoria sociale individuata come vittima, dunque alle donne, ai gay, ai migranti, agli obesi, ecco che allora vanno modificati, cambiati, sostituiti, se non addirittura eliminati. La cultura della cancellazione si propone di rieducare le menti e di riscrivere la storia. Del nostro passato, sostengono i paladini di questa teoria, ci dobbiamo vergognare profondamente e dobbiamo sentirci profondamente colpevoli: era segnato da schiavismo, oppressione e discriminazione. Ne dovremo rispondere per l'eternità, senza speranza di una resurrezione completa.

La Cappella Sistina? Razzista e suprematista

Nel XVI secolo Daniele da Volterra si guadagnò l'appellativo di Braghettone per aver coperto i nudi di Michelangelo nella Cappella Sistina. Cinquecento anni dopo, il politicamente corretto si è trasformato in una ghigliottina la cui tagliente lama decapita la libertà di espressione. Sotto i colpi di questa mannaia sono rotolati per terra capolavori della storia dell'arte, opere dell'ingegno che pensavamo eterne, statue, cartoni animati, film, qualsiasi cosa possibile immaginabile possa riferirsi a un presunto dominio dell'uomo bianco, maschio e occidentale. E, inevitabilmente, siamo tornati a colpire Michelangelo. Una scrittrice americana, tale Robin DiAngelo, ha affermato che gli affreschi della Cappella Sistina – stiamo parlando dell'inizio del Cinquecento, porca puttana –, quelli che raffigurano la creazione, il peccato originale e la redenzione realizzati da Michelangelo Buonarroti, sono chiaramente improntati al razzismo, nonché specchio del suprematismo bianco e del patriarcato.

La gentile signora, che nessuno ha avuto modo, durante l'intervista in cui ha pronunciato queste frasi, di mandare teneramente e cortesemente a stendere – o in alternativa chiamare un'ambulanza –, ha preso di mira la *Creazione di Adamo* e, pure sbagliandosi sui soggetti raffigurati, ha fatto notare che «Dio crea l'uomo, Dio è in una nuvola, attorniato da tutti questi angeli, si protende e tocca David. E Dio è bianco, David è bianco e gli angeli sono bianchi».

Continuo, anche se mi verrebbe voglia di incazzarmi. Per questa intellettuale illuminata, l'affresco è dunque segregazionista, perché costituisce la «perfetta combinazione tra suprematismo bianco e patriarcato», e la cultura cattolica discrimina, poiché considera i bianchi come «ideale umano».

Ma secondo voi, a Michelangelo potevano venire in mente concezioni razzistiche nel XVI secolo? E lo sa questa signora che il toscano era anche frocissimo – oddio, ho già pronunciato la parola frocio –, e dunque entrerebbe oggi nella categoria degli intoccabili e superprotetti? E poi, Michelangelo è stato un genio del Rinascimento italiano, questa, con tutto il rispetto, chi cazzo è?

Ve lo dico io chi è: una docente universitaria che ha ottenuto fama e soldi sostenendo che il razzismo è una sorta di malattia che affligge chiunque abbia la colpa di essere bianco. Tuttavia esiste la cura, che consisterebbe nell'immersione totale nei libri e nei seminari della signora in questione, seminari in occasione dei quali ella invita al pentimento quelli che hanno l'epidermide chiara. E la cosa più buffa è che, per raccontare tali colossali minchiate, questa tizia si fa pagare fino a ventimila dollari a botta. Io la pagherei piuttosto perché chiuda il becco, ma non posso scriverlo, non posso nemmeno confidarlo a un amico, magari sottovoce, in quanto rischio di essere tacciato di sessismo.

Scusarsi di essere bianchi

Questa roba della cancellazione del passato, però, non riguarda solo grandi o piccole opere di artisti, ma va a toccare la carne viva delle persone. La prova? Una clamorosa testimonianza raccolta da Federico Rampini sul *Corriere della Sera* nel marzo 2024, quella di una donna italiana, bianca, progressista, radicale. Dunque non stiamo parlando di una destrorsa fascistoide che odia i diversi, ma di una pro immigrati e pro minoranze. Ebbene, costei ha rivelato nell'ordine: di abitare a New York, di doversi continuamente scusare per essere bianca e privilegiata e, di conseguenza, incapace di capire le minoranze etniche; di essere catalogata dalla parte degli oppressori; di essersi iscritta a un master alla Columbia University per assistente sociale, ma di essere stata esclusa da un corso per l'aiuto ai tossicodipendenti, perché non *black*; che nella prima settimana di lezioni, gli studenti bianchi dovevano scusarsi continuamente con i compagni neri per il razzismo millenario di cui sono portatori per definizione. Pensate sia finita, pensate che il lavacro delle coscienze sia terminato qui? Altra follia: non bisogna mai domandare a un compagno di studi da dove viene: può suonare come un'implicita discriminazione etnica. Ancora, non bisogna mai chiedere verso quale campo di studi si orienta: se è nero, quella parola può evocare una piantagione di cotone dove lavoravano i suoi antenati schiavi, se è di origini messicane, un terreno agricolo dove suo nonno era bracciante. «Se cadi in una di queste offese» dice la donna «devi dichiararla e chiedere scusa, poi fare un'analisi del privilegio bianco che ti ha indotto in errore.» Ma sapete qual è la cosa più drammatica di questa testimonianza? È il fatto che questa donna sia voluta rimanere anonima. Provate a indovinare perché: ribellarsi risulta complicato, se vieni allo scoperto semplicemente rischi il culo, metti a repentaglio la tua vita, la tua carriera. Il politicamente corretto mi fa orrore.

Le microaggressioni, ma vaff…

Ora, se voi pensate che siano cose solo americane, vi sbagliate di grosso. Primo, perché come al solito importiamo usanze a stelle e strisce con dieci o vent'anni di ritardo, e poi perché anche qui esistono idioti a bizzeffe. Mi ha particolarmente colpito un monumento alla genialità prodotto da Amnesty International Italia, un video di quelli promozionali che davvero costoro pensano possa essere un contributo alla coesistenza civile. Nel filmato ci sono un italiano e un cinese, con l'italiano che domanda al cinese, o presunto tale: «Chang, ma tu, di dove sei?»; e quello risponde: «Di Roma nord, e tu?». Fermo immagine, musica semidrammatica, e il tizio coi tratti orientali attacca: «No, non fa ridere. Chiedere a una persona da dove viene solo per alcune caratteristiche fisiche è una forma di microaggressione basata su stereotipi e discriminazione. Le microaggressioni danno per scontato che una persona sia straniera e la possono mettere molto a disagio. Ci avevi mai pensato?». No, no, non ci avevo mai pensato. E francamente non credo ci sia una sola persona che ci abbia mai pensato. Chiedere a uno sconosciuto o a una persona conosciuta da poco: «Di dove sei?» è la cosa più normale e naturale del mondo, solo una mente perversa e ottenebrata dall'ideologia può pensare che dietro questa domanda vi sia altro, o addirittura che possa essere raccolta come offesa. Dunque esisterebbero le microaggressioni, cazzo. Non c'è limite al ridicolo.

Il bello è che costoro dicono di farlo per noi, per un pianeta più giusto, per eliminare l'odio, come se un mondo senza odio potesse esistere. L'odio è uno dei motori dell'esistenza, non lo puoi eliminare. Ci torneremo più avanti. E poi, datemi retta, gli haters non esistono: sono un numero sul computer, sono Thunder474, sono un nickname, sono fantasmi che appaiono solo nella nostra mente; basterebbe non leggere i commenti o bloccarli, non è mica un diritto ricevere solo risposte gentili o stare sui social. Chi li nomina, lo fa perché conviene. Puoi fare di tutto per fregartene, e invece costruisci una tua immagine, una tua carriera, un tuo profilo: quello della vittima, che oggi è altamente remunerativo.

Inclusione

Nelle pagine che seguono, una delle espressioni più ricorrenti sarà «inclusione». Inclusività è la parolina magica dei nostri giorni. Tutti devono essere inclusivi: la scuola, le aziende, le palestre, i cessi, tutto. Anche i film. A Hollywood non producono più un film se non è inclusivo. Fateci caso: in ogni pellicola ci devono essere un nero, un asiatico, una lesbica, un gay, un transessuale... Ci devono essere anche se non c'entrano nulla con la trama, ce li infili comunque perché fanno inclusività. Sei tollerante per decreto, inattaccabile.

È stata girata una serie tv sulla guerra di Troia e il ruolo di Achille lo hanno attribuito a un nero. Capito? Nel testo originale di Omero, Achille è un principe acheo, è biondo, e tu lo fai interpretare a un nero? Gli esempi sono innumerevoli: c'è una valchiria nera nel film Marvel *Thor: Ragnarok*, cosa senza senso, visto che gli Achei vengono raccontati e anche ritratti tutti, nessuno escluso, come bianchi e biondi; poi c'è una serie sul ladro gentiluomo Lupin, evidentemente un bianco, con un protagonista, invece, di colore. Si può continuare all'infinito. Un esempio eclatante è stato *Via col vento*, tacciato di farsi portavoce di valori razzisti, e *Grease*, il musical del 1978, accusato di essere sessista, eccessivamente bianco, misogino, omofobo e contenente messaggi che inneggiano allo stupro. In Gran Bretagna, *Mary Poppins*, straordinaria pellicola che ha accompagnato generazioni di ragazzi in tutto il globo, viene considerata per adulti perché discriminatoria. Uno si chiede: perché? Sotto accusa è il termine ottentotti, riferito agli spazzacamini con la faccia sporca di fuliggine, usato in modo dispregiativo dagli europei bianchi per i popoli dell'Africa meridionale. Stessa sorte è toccata a film come *Dumbo*, *Gli Aristogatti* e *Peter Pan*, considerati portatori di valori negativi. In *Dumbo*, del 1941, la scena incriminata sarebbe quella dei corvi, intorno alla fine del film, in quanto i corvi sarebbero uno stereotipo delle persone nere. Nelle *Avventure di Peter Pan*, del 1953, la popolazione indiana dell'Isola Che Non C'è sarebbe rappresentata in modo stereotipato e discriminatorio. Per quanto riguarda *Gli Aristogatti*, film del 1970, un gatto dai lineamenti asiatici sarebbe rappresentato con le bacchette cinesi in modo caricaturale, dunque non in linea coi tempi.

Ci ripetono che bisogna essere inclusivi. Eppure ignorano cosa voglia dire. È un termine che non ha senso. Sono andato a cercare la definizione di inclusività sulla Treccani. Ecco cosa c'è scritto, ascoltate che roba, ve la leggo, perché fa troppo ridere: «Termine con cui si designano in senso generale orientamenti e strategie finalizzati a promuovere la coesistenza e la valorizzazione delle differenze attraverso una revisione critica delle categorie convenzionali che regolano l'accesso a diritti e opportunità, contrastando le discriminazioni e l'intolleranza prodotte da giudizi, pregiudizi, razzismi e stereotipi». Ci vuole il traduttore, è una supercazzola con scappellamento a sinistra. Cosa diamine significa tutto ciò? Niente, assolutamente niente. Trattasi di cumuli di puttanate, però di puttanate con cui viene limitata la nostra libertà.

Le parole proibite

Le parole? Dipende da come si usano, e da chi le usa.
Solo perché qualcosa vi offende,
o vi fa provare invidia, livore, frustrazione,
non sta scritto da nessuna parte
che quel qualcosa sia un problema sociale.
Autocit.

Negro

«C'è qualche lurido negro qui stasera? Volete accendere le luci, per favore, e i camerieri e le cameriere possono smettere di servire per un momento? Grazie, grazie, grazie, e spegnete i riflettori. Allora: che cos'ha detto? "C'è qualche lurido negro qui stasera?" Io so che ce n'è uno, perché lo vedo lavorare, laggiù. Vediamo... ecco là due luridi negri. E fra quei due negri c'è un giudio usuraio. E... là c'è un altro giudio, due usurai e tre luridi negri. E c'è anche uno spaghetti, giusto? Mhm? Oh, ecco un altro spaghetti. E, uh! Ecco là un greco traditore... e poi un paio di spagnoli unti... e anche tre ubriaconi irlandesi vestiti bene... E poi c'è un tipo nero, nero, nero, moro... brutto. Un lurido negro. Mhm? Ho tre usurai qui, qualcuno dice cinque usurai, siamo a cinque usurai. Qualcuno dice sei spaghetti? Ho sei spaghetti, qualcuno dice sette negri? Siamo a sette negri! Aggiudicato. Io passo con sette luridi negri, sei spaghetti, cinque ubriaconi irlandesi, quattro greci traditori e tre usurai. Stavi per spaccarmi la faccia, vero? Ehehe, e con questo siamo arrivati al punto. E cioè che è la repressione di una parola quella che le dà violenza, forza, malvagità. Attenti. Se il presidente Kennedy apparisse in televisione e dicesse: "Vorrei farvi conoscere tutti quanti i negri del mio gabinetto", e se continuasse a dire: "Negro, negro, negro, negro", a tutti i negri che vede, "Moro, moro moro moro, negro negro negro negro", finché negro non significa niente, mai più. Allora non vedreste più piangere un bambino di colore di sei anni perché qualcuno a scuola lo ha chiamato negro.» Tratto da *Lenny*, film del 1974 sulla vita del comico statunitense Lenny Bruce, interpretato da Dustin Hoffman.

Frocio

Sono passati parecchi decenni, ma questo monologo di Lenny Bruce, l'artista americano inventore della stand-up comedy, perseguitato dalla legge per i suoi spettacoli che mettevano a nudo l'ipocrisia della società, ancora fa scuola: la censura di una parola attribuisce a questa una maggiore forza, una potenza distruttiva che non avrebbe se potesse circolare liberamente.

Immaginiamo la stessa cosa che ha detto Bruce applicata a una delle parole più controverse di questo periodo storico: la parola «frocio». Pensate se fosse usata quotidianamente; da quel momento in poi perderebbe il suo valore dirompente, la sua carica eversiva, il suo valore dissacrante, umiliante, e diventerebbe un vocabolo qualunque che non può essere usato contro qualcuno. Sarebbe solo la descrizione di un gusto sessuale, una scelta, niente di più. Eppure il termine «frocio» è bandito, e se vogliamo essere reputati brave persone ci tocca dire «gay», termine inventato, secondo Michele Serra, da chi era stanco di farsi chiamare frocio e di essere ridicolizzato in quanto omosessuale. Può essere, ma conosco decine e decine di omosessuali che non hanno problemi a farsi chiamare froci, e che usano questa espressione tranquillamente, perché fondamentale è come la dici, con che spirito, con quale intenzione, e non il fatto stesso di usarla. Invece, senza neppure rendercene conto, abbiamo trasformato le parole in mostri, abbiamo ridotto questa nostra società a un'enorme prigione nella quale bisogna avere paura a esprimersi perché si rischia di toccare la sensibilità di altri, anche se la sensibilità è una cosa estremamente individuale, e come tale non oggettiva, spesso impalpabile. Ti dicono: «Non bisogna offendere nessuno». Intere generazioni, oggi, crescono pensando di avere il diritto di non essere offesi da nessuno. Giusto, certo, anche se impossibile da realizzare. Be', voglio dirvi una cosa sull'offesa. Le parole possono fare male, è vero. Ma è per questo, sostiene magnificamente

Brendan O'Neill, per il loro potere di sconvolgere, che non dovrebbero mai essere limitate. Feriscono le persone, ma anche le istituzioni, causano discordia e angoscia, ogni rivoluzione è figlia delle parole; fanno male, certo, ma non come il fuoco o lo strangolamento, e la censura è di gran lunga più violenta della libertà. L'offesa fa parte della vita. Siamo tutti cresciuti a colpi di insulti, e la cosa ci ha fatto bene. L'improperio forgia il carattere, ci rende forti, ci porta a tirare fuori personalità, orgoglio e dignità. L'offesa stimola la rabbia, e la rabbia ci conduce ad affrontare l'esistenza con grinta. Sentirsi turbati, scrive un mio maestro, non è affatto un'aberrazione, è un segno che si è vivi.

Culattone

Io sono tra i pochi sopravvissuti a pronunciare pubblicamente la parola «frocio», insieme però a tanti froci, che tra loro si chiamano tranquillamente «froci» oppure «frocia», o «frocie» al plurale. La trovo una parola meravigliosamente descrittiva, soave, poetica e persino sensibile; lo faccio ovviamente senza sottintendere un insulto, senza alcuna intenzione di urtare l'altrui sensibilità, senza la volontà di manifestare un disprezzo che non provo nei riguardi di chi, semplicemente, ha preferenze e tendenze sessuali opposte alle mie. Insomma, chissenefrega di quello che ciascuno di noi fa sotto le lenzuola. Sono io, e solo io, a selezionare le parole da usare per mettere insieme i concetti che mi frullano nel cervello. Non accetto che sia l'Arcigay o la Boldrini a stabilire cosa posso o non posso dire, quali termini mi è concesso adoperare e quali sono tenuto a eliminare dal mio vocabolario. Non mi piego alle schizofrenie del politicamente corretto, all'ipocrisia del conformismo dominante a cui tutti si assoggettano senza neppure scomporsi. La mia libertà di espressione e di parola e la vostra libertà non hanno meno valore della libertà sessuale di essere e di dichiararsi gay senza subire discriminazioni. In entrambi i casi si tratta di diritti inviolabili. E allora, perché a me deve essere proibito l'utilizzo di certi innocui sostantivi appartenenti a un glossario antico e meravigliosamente plebeo, cioè popolano? Vittorio Feltri, uno degli ultimi partigiani del linguaggio verace rimasto in circolazione, rivendica il diritto di utilizzare l'italianissimo frocio e non l'anglossassone gay: perché impedirglielo, se non criminalizza nessuno? Mistero. Invece viene massacrato e denunciato. Lo stesso Feltri non intende ricorrere a una definizione medica, e dunque fredda e asettica come omosessuale in luogo di finocchio, culattone e similari. Insomma, sostiene il Vittorio nazionale, «se siamo liberi di decidere cosa può entrarci in bocca, siamo anche liberi o no di decidere cosa dalla nostra bocca può uscire?». E poi basta, davvero basta, con questa storia che gli omosex oggi in Italia sarebbero discriminati, vessati, emarginati e perseguitati, tanto da dovere sfornare leggi ad hoc studiate per la loro salvaguardia. Non sono mica panda o scimpanzé, e non sono in via di estinzione, anzi. Tutto ciò non è soltanto falso, ma anche ridicolo. Infatti di questi tempi, nel nostro Paese, a essere penalizzati non sono certamente i culattoni; nei programmi tv di intrattenimento è pieno di confessioni, svelamento di amorazzi omo, conduttori che dichiarano ufficialmente di essere orgogliosi della loro omosessualità. E va benissimo, per carità, non mi metto a fare la conta di quanti uranisti (parola bellissima e super neutra del XIX secolo che identifica gli omosessuali maschi, peraltro passivi) appaiono negli show televisivi, mi sentirei ridicolo. Come non credo che ci sia un piano prestabilito o una lobby che spinga le checche piuttosto che i meritevoli: ci sarà anche qualche caso, ma sono cose marginali. Non mi interessa dove infili l'uccello, o se lo prendi nel culo, sono fatti tuoi. Ma una cosa è certa: non appena qualcuno si proclama frocio, ecco che scattano gli applausi, come se egli avesse vinto una competizione olimpionica o si fosse aggiudicato il premio Nobel per la pace o per la medicina. Si diviene automaticamente eroi, soggetti da apprezzare, ammirare e anche difendere dalle presunte nefandezze subite da parte di una società che viene chiamata «omofoba», ma dove invece si è affermato il culto dei finocchi.

Parolacce e proibizioni

Diceva Freud: «Il primo umano che scagliò un insulto al posto di una pietra fu il fondatore della civiltà». Le parolacce hanno segnato l'inizio del mondo più civile. Del resto, le parole possono essere uno sfiatatoio della collera, dell'ira, della rabbia, della frustrazione, una soluzione non violenta, anzi pacifica, eppure le abbiamo demonizzate. Anziché prendersi a pietrate, gli esseri umani cominciarono a un certo punto a lanciarsi addosso invettive. L'uomo primitivo si è evoluto con il linguaggio, con la possibilità di esprimersi, che attenuò la spinta al ricorso della forza bruta. Peraltro, gli insulti e le parolacce sono le parole più antiche della storia dell'uomo; nel nostro cervello c'è un apparato specializzato nel produrre e archiviare le parolacce, appunto. Non lo dice il sottoscritto, ma i neurologi. Imprecare è un atto più denso, più profondo e intellettuale di quello che si pensa. Dire a una persona «testa di cazzo», o «testa di cazzo internazionale», come farebbe David Parenzo, non significa semplicemente paragonarlo a un glande, è una descrizione culturale vera e propria; oggi, invece, ogni parola viene sorvegliata, giudicata, sezionata e spesso punita in nome della correttezza, di un presunto buon gusto, e soprattutto della lotta al razzismo, all'odio e alla violenza verbale. Ora, tutti siamo d'accordo nel ritenere il razzismo qualcosa di terribile e nefasto. Ma la questione resta: è giusto impedire ai razzisti di parlare? Il razzismo scomparirebbe per magia se fosse soppresso qualsiasi discorso razzista? La risposta è no. Negli anni Settanta, in America, un ebreo sfuggito ai campi di concentramento, in una diatriba sulla libertà di manifestare di gruppi che si richiamavano apertamente al regime hitleriano, si schierò a favore dei nazisti, ovviamente per sconfiggere i nazisti stessi: è impossibile dimostrare al mondo che qualcuno è un idiota, se la sua idiozia non è manifesta. È necessaria una libertà totale per confutare le tesi più inverosimili. Dunque non c'è alcuna contraddizione nel disprezzare un individuo per le sue idee terribili e difendere il suo diritto a esprimerle. Qual è la migliore risposta all'odio? Una maggiore libertà di parola. Le cattive idee non vengono sconfitte quando sono messe a tacere, e martirizzare le persone riprovevoli serve solo a promuovere la loro causa. Cosa ne sarà di noi dopo che avremo epurato il nostro lessico da ogni vocabolo potenzialmente insultante, non politicamente corretto? Saremo tutti migliori, o forse più civili, o meno cattivi? Non mi risulta. Sono doverose tutte le leggi che abbiamo in Italia per combattere il razzismo anche verbale, per carità. Nessuno osa contestarle, perché altrimenti dicono che fai il gioco degli estremisti. Ma, chissà come mai, siamo sempre in emergenza: vi risulta che le posizioni razziste e discriminatorie siano scomparse? Assolutamente no.

Pompini e checche

E veniamo al nocciolo della questione. Vi siete mai domandati chi diavolo abbia l'autorità e il potere di decidere se una parola è offensiva oppure no? Le femministe, forse? O i gay? Le associazioni omosex? O magari il Partito democratico? L'Accademia della Crusca? L'Ordine dei giornalisti? Un tribunale, qualcuno risponde. Ma i tribunali sono gli stessi che hanno ammazzato Enzo Tortora, gli stessi che riducono in miseria un uomo la cui unica colpa è quella di essersi trombato una mentre era sposato e la moglie non gliela dava. I tribunali sono gli stessi che hanno tenuto dentro una persona per trent'anni da innocente, gli stessi che... be', potrei continuare all'infinito. Le procure sono il più delle volte lo specchio del conformismo, non rappresentano la verità assoluta. E oggi, cosa ancora più drammatica, si sono adeguate al politicamente corretto, diventando spesso e volentieri il braccio armato della nuova religione buonista, arrivando a condannarti solo per avere emesso un sospiro o avere pronunciato una parolina di troppo. Guardate che non sto esagerando, vi faccio un esempio concreto di questo politicamente corretto in toga. Nel 2014, Oliviero Toscani disse che «Matteo Salvini fa i pompini ai cretini, prende per il culo chi lo vota». Condannato. Avete capito? Condannato per una metafora, perché è ovvio che Toscani intendesse che il leader della Lega solleticava, a suo avviso, la pancia degli elettori. Al limite, sono questi ultimi a potersi incazzare per essere stati definiti stolti. Ma niente da fare: alla sbarra è finito Toscani, il quale è stato punito. Forse il fotografo avrebbe dovuto usare il sostantivo *fellatio*, che fa più chic, e allora, statene certi, si sarebbe salvato. Altro esempio è ovviamente Vittorio Sgarbi, che tra le innumerevoli vicende giudiziarie è stato sanzionato per aver esclamato «checca inutile» contro l'allora portavoce di Giuseppe Conte, Rocco Casalino.

Un tribunale della Repubblica si è occupato di valutare se la parola «checca», unita all'aggettivo «inutile», potesse in qualche modo configurare un reato, producendo e arrecando un'offesa, un danno, una lesione. Ma cazzo, Nino Spirlì, che è stato governatore della Calabria, ha intitolato un suo libro *Diario di una vecchia checca*, e nessuno si è sognato di rompergli le balle. E quanti gay adorano essere chiamati checche! Espressione, questa, decisamente scorretta, che indica un omosessuale un po' effeminato, forse esibizionista, di quelli che si sbaciucchiano in pubblico, niente di diverso da quando diciamo a qualcuno «sciampista» o «cafone», oppure «trash». Eppure, se adoperi «frocio» o «checca», ecco che scatta la tagliola della condanna «in nome della legge». Siamo al manicomio.

Finocchio

Altro caso emblematico è quello di un leghista qualunque, uno che potrebbe essere il vostro vicino di casa, un signor Nessuno. Si chiama Lorenzo Gasperini, è di Cecina, e lo Stato lo ha portato alla sbarra per un post pubblicato sul suo profilo Facebook: «L'Arcigay diffonde la cultura finocchista nelle scuole». Risultato? Condanna per diffamazione aggravata, per avere sostenuto che alcune associazioni omosex hanno l'intenzione di «insegnare ai ragazzi l'idea che non si nasce né maschi né femmine». Secondo il giudice, Gasperini «non si è limitato a contestare l'operato di Arci e Arcigay nelle scuole, ma ha utilizzato un termine fortemente denigratorio ("finocchista"). La parola è infatti evidentemente creata sulla base del termine "finocchio", che è utilizzato secondo il tribunale in senso dispregiativo per riferirsi alle persone omosessuali». Ha detto Gasperini che è «una condanna rieducativa» in stile Unione Sovietica, dove infatti ti mandavano al gabbio per il crimine generico di «attività controrivoluzionaria», allo scopo di reprimere il dissenso e omologare le coscienze. Chi di noi può dargli torto? Ora, a me non frega niente che Gasperini dica una minchiata o meno, non mi interessa neppure entrare nel merito di cosa avviene nelle scuole italiane, ma voglio semplicemente dire che al posto di Gasperini, questo sconosciuto leghista, potrebbe esserci chiunque di noi. Siamo tutti coinvolti. Quando un operatore del diritto, un giudice, ti punisce perché il termine «finocchista» deriva da «finocchio» che, a sua volta, sarebbe un termine «volgare e denigratorio», la tentazione di mandarlo affanculo è molto forte, anzi, irresistibile. Bisogna difendere in questo caso la libertà di ricorrere anche a un lessico corrosivo, rude, popolare, che include certamente la parola «finocchio». In questo consiste la vera tolleranza: stare dalla parte di uno che è lontano da te, schierarti a tutela della libertà di pensiero e di parola. Anche quando non sei d'accordo.

Come criminalizzare una parola

Ma la vera questione è: come diavolo siamo arrivati a criminalizzare un termine straordinario quale è «finocchio»? Io adoro il finocchio, magnifico ortaggio dalle proprietà sorprendenti. Fa molto bene mangiare i finocchi, ve lo consiglio, e ogni omosessuale dovrebbe essere compiaciuto e lieto di essere accostato a questa verdura, ricca di elementi nutritivi e di sali minerali, come il potassio. Eppure, le associazioni LGBT (o come si dice adesso) hanno bollato questa parola come offesa e, niente da fare, oggi è praticamente vietato usarla. Se la pronunci, vieni denunciato oppure classificato come un omofobo senza ritegno. Ma l'etimologia di «finocchio», riferita agli omosessuali, è piuttosto incerta. Dicono che potrebbe risalire all'epoca in cui operava la Santa Inquisizione nello Stato Pontificio, quando i semi di finocchio sarebbero stati sparsi sugli omosessuali messi al rogo, al fine di mitigare la puzza di carne bruciata. Ma non c'è alcuna prova. Secondo altri c'è un'origine culinaria: il finocchio selvatico, in passato, veniva usato come ripiego per aromatizzare i cibi quando non si avevano i soldi per comprare le costose spezie provenienti dall'Oriente. Dunque il termine «finocchio», se riferito a una persona, indicherebbe qualcuno che vale davvero ben poco, un uomo che non è uomo. Ma anche qui non vi è alcuna certezza. Più probabile è che ci sia un collegamento tra l'ortaggio e la forma arrotondata del suo bulbo, che ricorda vagamente quella delle natiche. Fatto sta che oggi risulta criminogeno utilizzare questo termine. Qualcuno di voi, tra i più anziani, ricorda una scena memorabile di un film memorabile di Mario Monicelli, *Amici miei*, quando i cinque protagonisti corrono nella notte alla stazione di Firenze per divertirsi, prendendo a schiaffi i viaggiatori di un treno in partenza? A un certo punto, l'altoparlante annuncia che, su un altro binario, c'è un convoglio pronto a lasciare la stazione ferroviaria. Ed ecco che gli amici scendono nel sottopassaggio e uno di loro, l'architetto Rambaldo Melandri, interpretato dall'attore Gastone Moschin, non può fare a meno di osservare: «Ragazzi, ma come si sta bene tra noi, tra noi uomini! Ma perché non siamo nati tutti finocchi?». Se una battuta simile fosse stata inserita in una sceneggiatura odierna, regista, attori, produttore e sceneggiatore avrebbero visto piombare loro addosso i carabinieri della morale. E forse pure quelli veri, quelli in divisa.

Clandestino

Controlla il linguaggio e avrai in mano un grandissimo potere. Se vigili sul modo di parlare, se riesci nell'impresa non facile di cambiare il significato di un termine, allora puoi entrare nella testa delle persone, insomma, puoi comandare. In sostanza, ciò significa avere potere, un grande potere. Lo abbiamo già detto, ma è sempre meglio ripeterlo. È proprio per questo che una certa parte politica, una nutrita schiera di intellettuali, molti cosiddetti «progressisti», sono così accaniti nel trasformare i «clandestini» in altro. Se li indichi con termini non punitivi, non appariranno al grande pubblico, agli elettori, per quello che sono, cioè tecnicamente e oggettivamente come individui che hanno infranto la legge, i quali sono entrati in Italia in modo fraudolento e illegale.

I clandestini si trasformano allora in «migranti», con tutte le declinazioni possibili: migranti economici, climatici, politici e altro ancora, ci si può riferire a ogni disgrazia possibile. Oppure possono trasformarsi in «richiedenti asilo», in «rifugiati», «profughi», o, in modo più poetico, in «cercatori di felicità», o, addirittura, per dirlo alla Boldrini, in «risorse». Quello che è in origine uno strappo alla legalità viene dunque immediatamente mondato, convertito in una sorta di pietismo rivolto ai nuovi arrivati: in fondo, che male fanno? Sono persone bisognose e sfortunate, siamo chiamati a dare loro una mano.

Inutile dire che da quando il politicamente corretto si è insinuato persino nel modo di riferirsi agli extracomunitari, la curva degli sbarchi, rispetto al periodo in cui non ce ne importava nulla della terminologia, si è innalzata vorticosamente.

Questo è il risultato evidente del lavaggio del cervello che le élite rosso-borghesi della comunicazione sono riuscite a praticare su un segmento consistente della popolazione e, soprattutto, dell'establishment italico. Fino ad arrivare all'assurdo del Tribunale di Milano che, qualche anno fa, ha condannato la Lega – ancora la Lega – per alcuni manifesti affissi in cui si intimava un alt all'accoglienza, appunto, di «clandestini». Secondo i giudici, codesta parola sarebbe denigratoria, discriminatoria, e creerebbe altresì un clima di intimidazione. Dunque, dobbiamo rendere conto dei sostantivi che adoperiamo, sebbene facciano parte del dizionario della lingua italiana e non costituiscano affatto un insulto, né tantomeno un giudizio morale, ma semplicemente la fotografia di uno stato di fatto.

Stando all'enciclopedia Treccani, per «clandestino» si intende che «è fatto di nascosto, e si dice per lo più di cose fatte senza l'approvazione o contro il divieto delle autorità»; si definisce inoltre così un «passeggero imbarcatosi su una nave o su un aereo senza essere munito di un biglietto di viaggio».

Qualsiasi immigrato irregolare che sbarca in Italia è per definizione un «clandestino», e il fatto che poi possa diventare, a determinate condizioni, un «richiedente asilo» non cambia le cose. Parliamo sempre di un «clandestino» in attesa di giudizio. Ma non ha senso perdersi nei tecnicismi. Vogliono decidere pure il vocabolario a colpi di sentenze e imposizioni. È già accaduto in passato: la dittatura nazista, per esempio, è nata anche attraverso la regolamentazione del linguaggio quotidiano. Tutte le dittature, rosse o nere che siano, modificano il linguaggio. Non è sbagliato dire che il politicamente corretto delle parole è una nuova, sottile, forma di autoritarismo.

Fascismo delle parole

Anticipò tutto Pier Paolo Pasolini: «Io profetizzo l'epoca in cui il nuovo potere utilizzerà le vostre parole libertarie per creare un nuovo potere omologato, per creare una nuova inquisizione, per creare un nuovo conformismo. E i suoi chierici saranno chierici di sinistra». Qualcuno, più autorevole di me, ha parlato di un vero e proprio fascismo delle parole. E in questo caso, il termine fascismo non viene adoperato a vanvera. Prima dei nostri giorni, fu solo il regime mussoliniano a cambiare e dunque a cancellare molti vocaboli. Ovviamente, all'epoca l'obiettivo era quello di italianizzare i termini e si arrivò a situazioni comiche come la «bevanda Arlecchino» al posto di *cocktail.* Nel 1938 sul *Popolo d'Italia*, il quotidiano del regime, c'era scritto proprio questo: «Dobbiamo ritornare alla nostra tradizione, dobbiamo rinnegare, respingere le varie mode di Parigi, o di Londra, o d'America. Se mai, dovranno essere gli altri popoli a guardare noi, come guardarono a Roma o all'Italia del Rinascimento... Basta con gli abiti da società, coi tubi da stufa, le code, i pantaloni cascanti, i colletti duri, le parole ostrogote». Fu realizzato in quel periodo il cambiamento forzato dei nomi e, che ne so, Kostner divenne Costa, Rusovic, in sloveno, fu cambiato in Russo, Gruber si trasformò in Dalla Fossa o Fossolari, chissà perché, ma non è questo il punto. Non si poteva dire Louis Armstrong, ma occorreva convertirlo con l'improbabile Luigi Braccioforte. Il nome di battesimo, inoltre, veniva sempre mutato nel corrispettivo italiano e dunque Carlo Marx, Maria Stuarda, Giorgio Washington. Bandita fu la *brioche*, che divenne «brioscia», come non si poteva dire Renè Descartes, piuttosto Renato Cartesio. In quella fase Gabriele d'Annunzio si inventò il vincente e ancora vivo «tramezzino», da «tramezzo», cioè un momento tra la colazione e il pranzo in cui viene voglia di consumare uno spuntino, ma non uno *snack*, sostantivo vietato. «Tramezzino» avrebbe così sostituito il *sandwich* anglosassone. A sprezzo del ridicolo, lo Champagne fu battezzato «Sciampagna» e il *dessert* fu abolito per introdurre il composto «fine-cena». Possiamo ridere e scherzare, eppure si tratta di una roba serissima. Il controllo delle parole – lo ribadisco – è tipico delle dittature, che infatti esercitano la censura e si servono della propaganda. Mettere al bando le parole, limitare la libertà di pensiero, proibire certi termini, ha il sapore della tirannia anche quando ci illudiamo di vivere in un mondo libero. Ora, chi riteneva che tutto questo fosse finito, si sbagliava di grosso. E dunque in Occidente, proprio qui, nella culla delle libertà e della civiltà, si è scatenata da tempo la più ridicola delle battaglie, la più stupida delle guerre, quella al vocabolario, al dizionario, alle parole. A promuoverla è stata la sinistra, gli autoproclamati progressisti, i quali una volta erano quelli che scardinavano le regole imposte, gli anticonformisti, quelli contro il sistema dominante, quelli dello sberleffo e a favore della satira, mentre oggi sono diventati pericolosamente coloro che puntano il ditino contro un termine giudicandolo scorretto, contro una parolina fuori posto, contro chi non si adegua al nuovo linguaggio cosiddetto «inclusivo», coloro i quali si vantano di aver portato in tribunale un povero cristo che li ha insultati su internet. Il progressismo si sostanzia nella lotta agli haters, in nuove leggi, nuove regole, nuovi codici e codicilli. Da utopisti, questi della sinistra si sono involuti in controllori, in poliziotti della parola. Che pena!

L'Europa dei geni

Scriveva il mitologico Robert Hughes che l'obiettivo è creare una specie di «Lourdes linguistica, dove il male e la sventura svaniscono» solo perché viene messa al bando una parola. Eppure, l'invalido si alza forse dalla carrozzella, o ci sta più volentieri, perché qualcuno ha decretato che egli ufficialmente deve essere definito in questo modo? L'handicappato ha risolto forse i suoi problemi da quando abbiamo cominciato a chiamarlo disabile? L'omosessuale, o frocio, pensa forse che gli altri lo amino di più, o lo odino di meno, perché viene detto gay?

Sto ancora interpretando liberamente Hughes e potrei continuare. Ma davvero credete che indicare quale «operatore ecologico» lo spazzino abbia trasformato l'esistenza di chi raccoglie i rifiuti per strada, o che chiamare «operatrice scolastica» la bidella le renda più piacevole la fatica quotidiana? Eppure, parlando come ci viene ordinato, ci sentiamo tutti quanti più buoni, più inclusivi, più rispettosi.

E allora, insisto, chi diamine sancisce che una parolina è insultante e deve essere per ciò stesso vietata? Ovviamente prova a farlo l'Unione Europea, per ricalcare le orme della defunta Unione Sovietica. Pensate che esiste questo centro di geni – perché sono dei geni, ciò è innegabile – che si chiama Istituto europeo per l'uguaglianza di genere. Essendo un istituto dell'UE, va da sé che è pagato dall'UE, quindi anche da noi. Questo, nel 2019, ha prodotto un documento di sessantuno pagine per spiegare in maniera netta e incontrovertibile quali sono i termini reputati insolenti, irrispettosi, irriverenti, i quali dunque non devono essere mai più utilizzati. Non si tratta mica di parolacce, eh, piuttosto di parole di uso comune, normalissime, delle quali non ti verrebbe mai in mente che possano costituire un oltraggio. Vi faccio un esempio. In questo documento si sconsiglia il ricorso ad aggettivi quali «invadente» e «stridulo», dal momento che avrebbero «connotazioni forti che sono associate soltanto alle donne». Capito il delirio? Non puoi dire «stridulo», poiché altrimenti faresti pensare alle donne in maniera negativa. Aspettate, il meglio deve ancora venire. Neppure è permesso il ricorso all'aggettivo «virile». Sarebbe opportuno sostituirlo con «forte» o «energico». E perché mai? Poiché altrimenti offendi le donne, le discrimini in quanto non possono essere virili, ci resterebbero male. Andrebbe abolita pure la formula «best man for the job» nelle offerte di lavoro, e rimpiazzata con «best candidate for the job», perché sarebbe discriminatoria verso le femmine. Ma c'è anche un consiglio importante che viene da queste menti eccelse, come non averci pensato prima: quando noi diciamo «fratello e sorella», o «marito e moglie», mettiamo sempre il maschio della coppia al primo posto, e dunque, suggeriscono i geni, bisognerebbe invertire l'ordine, perché altrimenti le donne risultano invisibili. Ma come si fa solo a pensare una cosa del genere? Soldi buttati.

In sostanza, tutto ciò che è riferito ai maschi o al maschile, è diventato discriminatorio, in quanto il grande nemico oggi è lui, e quando dico lui intendo proprio lui, ovvero il maschio bianco eterosessuale. È il bruto per eccellenza, bisogna combatterlo. Schiavista, razzista, omofobo e, soprattutto, ricco, benestante. Ecco l'identikit del maschio dalla pigmentazione chiara. Se nasci maschio, sei già nel mirino. Oppure puoi ancora salvare il culo, a patto, però, che dimostri e ostenti empatia, buonismo, partecipazione, femminismo, progressismo, allora, forse, puoi essere depennato dalla lista dei mostri, dei colpevoli, dei fascisti, dei razzisti, dei sessisti, dei colonialisti.

Insomma, devi unirti al coro di pecore e belare tutto quello che ti viene ordinato di declamare, mostrando commozione in merito a quelle cause che devono suscitare commozione, proprio come prescrive il politicamente corretto. Ma anche l'indifferenza, ossia farsi gli affari propri, costituisce un sacrosanto diritto, esattamente come gridare ai quattro venti che fai beneficenza, o che piangi per la morte di un bambino africano che manco conosci.

L'egoismo è un diritto, lo vogliamo dire o no? L'egoismo è il motore del mondo. Senza l'egoismo, quello che si manifesta nella cura per la propria famiglia, o dei propri interessi, quello che ogni giorno pratichiamo, non esisterebbero nemmeno sviluppo e progresso. È necessario sempre diffidare dei buoni samaritani, quelli che affermano di agire esclusivamente per il bene comune. Sono spesso degli impostori.

Le multe inclusive

Ora, queste follie non si limitano all'Unione Sovietica Europea. Prendiamo per esempio il Comune di Bologna, in Italia, che rappresenta l'avanguardia del nuovo regime del politicamente corretto. Sono riusciti anche loro nell'impresa di produrre un manuale dal titolo *Parole che fanno la differenza. Scrivere e comunicare rispettando le differenze di genere*. Un delirio. Utilizzare la parola «uomo» è sconveniente, bisogna, ove necessario, usare «esseri umani» oppure «personale», o ancora «popolazione»: altrimenti le femmine, secondo questi fenomeni, si sentono oppresse o meno considerate. Scrivono nero su bianco, costoro, che bisogna dire sempre «uomini e donne», per specificare che esiste anche il genere femminile, come se già non lo sapessimo; anzi, è meglio «donne e uomini», così non viene data precedenza ai maschi. Queste alcune delle perle. Ma il top è quando ti spiegano, felici e contenti, soddisfatti della loro opera, di avere cambiato alcune frasi presenti dentro le multe che ti arrivano a casa. Invece di: «Se pensi di essere stato multato ingiustamente», è necessario scrivere: «Se pensi di avere ricevuto una multa ingiusta». Non so se avete afferrato, perché il sottoscritto ha dovuto rileggere tre o quattro volte: quello che non va bene è il maschile di «multato». Avete capito di cosa si occupano questi? Ora, immaginatevi quando un povero cristo riceve una sanzione: ma sai cosa gliene importa del maschile o del femminile? Vorrebbe solo strappare tutto e maledire il mondo, i vigili, il sindaco.

Asterisco e schwa

Oggi tutti si offendono per qualsiasi cosa. Sono tutti offesi, tutti lì a piagnucolare e farsi vittime. Il vittimismo è la forma di comunicazione più diffusa: tutti a rivendicare diritti, tutti a lamentarsi di essere bersaglio di qualche nefandezza o ingiustizia. Stiamo raggiungendo dei livelli da malattia mentale. E le parole sono censurate nel tentativo di abbellire la realtà, che invece è anche brutta, sporca e cattiva. Ma proibire i vocaboli non renderà la società nella quale viviamo meno schifosa. Anzi, certamente la peggiorerà. Ormai, alcune parole sono talmente proibite che nemmeno ci è permesso di pensarle. Provate, per esempio, a scrivere «zingaro» o «ciccione» su uno dei vostri profili social. La riprovazione nei vostri confronti raggiungerà il picco, e sarete cancellati presto dall'universo digitale, che in questo caso è implacabile.

Ma se c'è una cosa che mi fa andare il sangue al cervello è lo stupro della lingua italiana. E guardate che uso apposta la parola «stupro», per descrivere esattamente quello che sta avvenendo. Ormai non c'è università, azienda, istituto pubblico, che non abbia iniziato a usare l'asterisco (*) con lo scopo preciso di eliminare, oscurare, le desinenze maschili e femminili. Siamo circondati da parole che terminano in questo modo: amic*, benvenut*, carissim* e via discorrendo, faccio fatica anche a scriverlo. Alcuni di voi si saranno certamente abituati, altri sbuffano, oppure ignorano. Io invece non mi arrendo. Come si fa a parlare, o a scrivere così? E poi, perché? L'obiettivo, secondo questi signori, è di essere più inclusivi, rispettare chi non si riconosce in uno dei due sessi. Ora, a parte il fatto che se l'obiettivo è l'inclusività, allora dovrebbe esserci qualcuno di escluso, che in questo caso non esiste. Chi rimane male, chi è danneggiato dalle desinenze che ci ha regalato quella roba meravigliosa che è l'italiano? Nessuno. La nostra civiltà è andata avanti e ha fatto progressi senza che nessuno abbia messo in discussione queste cose ma, soprattutto, senza che qualcuno se ne sia lamentato. Non è inclusività, questa, ma semplicemente coglionaggine.

Poi c'è il top della follia, lo/la schwa, che sarebbe la *e* rovesciata, che non si capisce nemmeno come si debba pronunciare: se al maschile o al femminile. Lo o la? Pare «lo», ma chissà. In sostanza, per andare al sodo, la lettera rovesciata va usata perché altrimenti i fluidi si offendono. Dove per fluidi, per chi non lo sapesse, si intendono le persone che non vogliono essere identificate in nessuno schema sessuale, che dunque diventa mutevole, fluttuante, come le onde del mare. L'urgenza, secondo i paladini di codesta minchiata, è massima: bisogna assolutamente trovare soluzioni alternative al predominio del maschile per definire un gruppo misto di persone. Sostiene la linguista Vera Gheno, paladina di questo/questa schwa, che «in una lingua come l'italiano, che ha solo il maschile e il femminile, le persone non binarie non hanno una loro autorappresentazione linguistica, ed è qui che entra in gioco la vocale media per eccellenza, che è la schwa; per le altre vocali dobbiamo deformare la bocca pronunciandole, invece per la schwa la bocca è a riposo. È esattamente il suono che facciamo quando non sappiamo cosa dire: eeee…». Ovvio che siamo di fronte al delirio assoluto. Sinceramente, voi avete mai conosciuto qualcuno che ha a cuore questa cosa? Qualcuno che si offende perché esistono solo maschile e femminile? Ma secondo voi, uno che si sveglia alle cinque di mattina per andare a lavorare, ha tempo di occuparsi di queste boiate? No, sono solo pippe mentali di persone che hanno molto tempo libero, quattro attivisti che non rappresentano nessuno se non loro stessi.

Contro la dittatura LGBT

Viviamo in un tempo
in cui le persone amano far finta di essere offese.
Matt Groening, padre della serie *The Simpson*

Gay è parola da mezzecalzette, meglio ricchione.
Paolo Isotta

Muccassassina

Gay, lesbiche, trans, a me non me ne frega nulla di cosa vi piace, di dove infilate il pisello, se lo volete prendere nel culo o se volete farvelo tagliare e andare in giro vestiti da donna. Fate quel che vi pare, scopate con chi volete, in due, in tre, in quattro. Non mi interessa. Per quanto sia etichettato quale omofobo da certe associazioni, sono da sempre a favore del matrimonio frocio. Fosse per me, si dovrebbe cambiare il Codice civile e persino la Costituzione: le norme scritte per l'unione tra uomo e donna dovrebbero essere automaticamente valide anche per persone dello stesso sesso. Stop, senza troppe chiacchiere. Non ho alcun problema al riguardo. E non lo dico per pararmi il culo. Fin da ragazzo sono sempre stato fortemente attratto dal mondo omosex. Tra i venticinque e i trent'anni frequentavo con assiduità un celebre locale che aveva sede proprio dalle parti del Vaticano, il Muccassassina. Animatore delle serate era un tizio allora sconosciuto che si chiamava Wladimiro Guadagno, chiamato anche con il nome di Vladimir Luxuria. Erano feste bellissime, promiscue, dove anche gli etero potevano accarezzare culi maschili, sfiorare labbra indistinte e sperimentare qualche pompino negli angoli più bui del locale. Non è per mettere le mani avanti, ma a me non accadde. Tuttavia, ricordo che ero attratto da un maschio tutto vestito di pelle, muscoloso, sul genere Freddie Mercury. Ci scambiammo il numero di telefono poiché il tizio insisteva, avevo fatto colpo. Poi, però, non combinai un bel niente. Forse per paura di spingermi oltre certi limiti, forse per il tipo di educazione ricevuta, per rispetto di una tradizione che mi è stata inculcata, per un senso di colpa o di riguardo nei confronti della mia famiglia cattolica. All'interno del Muccassassina ero un osservatore attento, uno spettatore incuriosito da tutto quello che succedeva. Ero eccitato all'idea che accanto a me si consumasse qualcosa di proibito, qualcosa che faceva traballare le mie convinzioni, che metteva in dubbio le mie certezze. A stimolare la mia immaginazione e a solleticare le mie parti intime non era tanto l'atto omosessuale in sé, quanto la possibilità di assistervi dal vivo. Avevo già compreso che il voyerismo rappresentava un aspetto importante della sessualità, se non addirittura una maniera, tra le più alte e magnifiche, di viverla. Così, allorché mi capitò di assistere a un amplesso gay, non ebbi più alcun dubbio: prendere parte da osservatore a un rapporto tra omosessuali mi galvanizzava.

Nozze gay e adozione

Non sono soltanto favorevole alle nozze gay, ma penso pure che due uomini o due donne possano crescere un bambino al pari di una coppia etero. Del resto, per quale motivo avere due padri o due madri dovrebbe essere peggio che avere come genitore una persona alcolizzata cronica, violenta, o anaffettiva patologica? Per quale ragione essere muniti di due babbi o di due mamme che magari si amano sul serio e si rispettano dovrebbe essere una condizione peggiore rispetto all'avere due genitori di sesso opposto i quali non si rivolgono nemmeno la parola, che si ignorano, o che litigano furiosamente? Se quello psicopatico di Hitler ed Eva Braun avessero avuto dei figli, secondo voi li avrebbero tirati su meglio di una coppia frocia? Le dinamiche interne a qualsiasi nucleo familiare possono fornire a un fanciullo le basi per crescere in maniera sana o possono danneggiarlo, talvolta in modo irrecuperabile, e questo avviene a prescindere dalle preferenze sessuali dei genitori e dal loro genere. Quindi, sono assolutamente convinto che due uomini, così come due donne, possano allevare e educare un bambino esattamente come sono in grado di farlo un maschio e una femmina in una famiglia cosiddetta «tradizionale». Ne consegue che, pure in materia di adozione, i gay dovrebbero godere dei medesimi diritti di cui godono gli etero. In fondo, ciò che dovrebbe essere preminente è l'interesse del minore a vivere all'interno di un contesto in cui possa ricevere cure e amore.

Tutto è omofobia

E però, non è mica omofobia dire che il mondo va avanti con l'eterosessualità, che è la condizione della maggioranza delle persone. Non si può nemmeno più pronunciare la parola «normale»: è considerata una brutta parola, se la dici, ti guardano come se avessi detto una bestemmia. Il sottoscritto, al contrario del generale Roberto Vannacci, non utilizza questa espressione. Però la normalità esiste: non è razzismo, è statistica. E la norma, in Italia, è che ci siano soprattutto persone bianche ed eterosessuali. Oggi, invece, chi sostiene che la famiglia è solo quella formata da uomo e donna, e lo Stato deve occuparsi soprattutto di quella, è visto come un omofobo. Viene messo nel girone dei dannati odiatori dei gay anche chi sostiene che solo un padre e una madre possano crescere dei bimbi. In ugual modo viene crocifisso e lapidato dai sindacalisti froci chi dice – e io, ripeto, non lo penso – che essere omosex sia contro natura, o anormale. Secondo l'ex presidente dell'Arcigay

Fabrizio Marrazzo, costoro vanno puniti severamente, e messi sullo stesso piano di chi sostiene che negri ed ebrei siano fuori dalla normalità. Oggi è tutto omofobia: chiunque esprima un'idea diversa da quella delle associazioni gay va classificato con questo termine infamante, dunque accostato a un malato da curare. Se sono un fan della famiglia tradizionale, sono automaticamente uno che la pensa in modo medievale, uno che è rimasto indietro, da recuperare alla civiltà. Se dico che avere un figlio gay sarebbe un problema o addirittura una disgrazia, vengo immediatamente considerato un odiatore, uno da rieducare. Non c'è spazio per i sentimenti, per le inclinazioni personali, per le speranze o i desideri di un padre o di una madre: devi sottostare ai diktat LGBT, costi quel che costi. Ancora: se dico che vorrei convincere mio figlio omosessuale che dovrebbe cambiare gusti, vengo ritenuto un criminale alla pari di un assassino. Ne consegue che non distinguiamo più le vere discriminazioni, che per fortuna sono sempre meno, gli atti di violenza reale nei confronti dei gay, dalle libere opinioni. Non sopportiamo che ci siano in circolazione idee e pensieri sgradevoli, o semplicemente diversi da quelli diffusi dagli omosessuali organizzati. Se oggi vuoi colpire qualcuno, basta affibbiargli l'etichetta di omofobo e il gioco è fatto: una parola di troppo, e sei fottuto per sempre.

La piramide degli stronzi

La società dell'inclusività, quella che vede l'omofobia ovunque, ha costruito idealmente una piramide incredibile, la piramide degli stronzi. In cima a questa, c'è il capo degli stronzi, il maschio bianco occidentale eterosessuale, che è colpevole per definizione: lo stronzo degli stronzi in quanto razzista, omofobo, sessista, machista, insomma, tutto il peggio che potete immaginare. Appena sotto, troviamo la donna bianca occidentale eterosessuale, la quale è oppressa dal maschio bianco etero che la sovrasta, ma ella stessa, a sua volta, soffoca coloro che le stanno sotto. E sotto chi ci sta? Il maschio bianco gay e la donna bianca lesbica, i quali schiacciano il maschio nero etero e la donna nera etero, e poi i neri gay e lesbiche e così via. Avete capito? È una specie di gara a chi è più vittima, a chi è più maltrattato, a chi è più perseguitato. Se sei una donna nera che prima era un uomo e sei pure obesa, non c'è gara, amica, hai vinto, sei al top, la vittima per eccellenza, per te stenderanno i tappeti rossi e qualsiasi tua affermazione diventerà Vangelo. Se invece sei un maschio bianco europeo, etero, e magari pure di destra, è bene che tu lo sappia subito, non hai speranze: sei un fascista stronzo e crudele. E stronzo rimani. Non hai diritto di parola, devi solo scusarti di esistere e vergognarti di essere quello che sei. Ormai comandano le minoranze, decidono loro come

come ti devi comportare, come devi parlare e cosa devi pensare. Non si può scappare.

Il caso Barilla

C'è una storia, secondo me, incredibile, che spiega tutto. Una storia italiana che mi ha visto protagonista. Si potrebbe farne un documentario, qualcosa del tipo: *Come vivere rieducati e contenti: il caso Barilla.* È esemplare. Nel settembre del 2013, Guido Barilla intervenne a Radio 24 nel programma *La Zanzara* condotto dal sottoscritto, per esprimere la sua opinione su un dibattito che imperversava in quei giorni; l'allora presidente della Camera Laura Boldrini riteneva che fosse espressione di sessismo la presenza costante di donne che servono a tavola negli spot pubblicitari, spot che replicavano, a suo giudizio, stereotipi di genere da abbattere. Ma Barilla non si limitò a criticare la boldrinata del momento, pronunciò delle frasi che fecero scalpore. In sostanza, la multinazionale di Parma disse che la sua azienda non avrebbe mai fatto una pubblicità con una famiglia gay, in quanto favorevole alla famiglia tradizionale. «Noi abbiamo una cultura vagamente differente. Per noi il concetto di famiglia è sacrale, rimane uno dei valori fondamentali dell'azienda. La salute, il concetto di famiglia. Non faremo uno spot gay perché la nostra è una famiglia tradizionale.» E ancora: «A uno può non piacere. Se gli piace la nostra pasta, la nostra comunicazione, la mangiano. Se non gli piace quello che diciamo, faranno a meno di mangiarla e ne mangiano un'altra. Ma uno non può piacere sempre a tutti.» Apriti cielo. Fu un vero e proprio massacro, come se Barilla avesse ammazzato la madre, anzi, peggio. Le associazioni LGBT promossero una campagna di boicottaggio a livello mondiale del marchio italiano, ci fu una pressione talmente forte del politicamente corretto che Guido Barilla fu costretto immediatamente a chiedere perdono *urbi et orbi*, e pure a recarsi col capo cosparso di cenere dal presidente della Camera a prendere lezioni di inclusione. Ricordo ancora le sue parole: «È chiaro che ho molto da imparare dal dibattito in corso sull'evoluzione della famiglia: ho sentito le numerose reazioni in tutto il mondo alle mie parole che mi hanno rattristato e depresso». E ricordo il comunicato poi diffuso dall'azienda: «In Barilla, abbiamo cura di tutti, senza distinzioni di razza, religione, fede, sesso o orientamento sessuale. A tutte le persone – amici, famiglie, dipendenti e partner commerciali – che si sono sentite toccate o offese, chiediamo sinceramente scusa». Ma vi rendete conto? Barilla ha dovuto proprio calare le braghe, una roba incredibile.

Ora, non discuto ovviamente le scelte di Barilla, ci mancherebbe altro. Una grande azienda, quando si sente in pericolo, cerca giustamente di rimediare. Però è finita con lo spaghetto gay: il disegno di due donne molto sensuali che mangiano uno spaghetto insieme sulle confezioni della pasta. Una conversione vera e propria. Anzi, una rieducazione, come nella Cina di Mao o in Unione Sovietica, solo che al posto del gulag c'è il gaylag.

Gay friendly

Guido Barilla ha semplicemente detto quello che pensava. Eppure è stato obbligato a rimangiarsi tutto nonché a inchinarsi alla dittatura LGBT. Adesso l'azienda ha un *Chief Diversity Officer*, cioè un dirigente che si occupa del rispetto dei diritti di tutte le minoranze, e soprattutto viene proclamata e premiata come società *Gay friendly*. Ecco, questa è una cosa che mi fa impazzire. Ma che cosa vuol dire *Gay friendly*, che prima eri nemico dei gay? Che ammazzavano gli omosessuali dentro i capannoni e li squartavano vivi? Che dopo averli ammazzati li facevano a pezzi e li trasformavano in fusilli? Vuol dire che torturavano i froci nei depositi? È chiaro che il bollino di «amico dei gay» è solo marketing, denaro, mentre ce lo spacciano come inclusione e rispetto. È questo che mi fa incazzare, oltre al fatto che se ti dichiari «omosessuale» all'interno di un'azienda, ormai sei protetto più di quanto non lo sia un dipendente statale.

E poi badate bene. Barilla non aveva dichiarato

che i gay gli facevano schifo, ma solo che non avrebbe gradito celebrare le coppie gay nei suoi spot. A mio parere avrebbe anche potuto esternare il suo ribrezzo per la categoria, che non è condannabile: esiste il diritto a provare schifo per qualcosa. Ma non lo ha fatto. Eppure, per avere espresso un concetto così innocente, egli è stato massacrato. Capito che roba?

Fatto sta che il caso Barilla è stato una specie di lezione per tutti: non si può più sgarrare di fronte a uno dei gruppi di pressione più potenti al mondo, i gay organizzati. Di fatto, oggi, qualsiasi azienda è costretta a realizzare pubblicità in cui compaia una famiglia omosessuale, meglio se corredata di un nero, un cinese, o un extracomunitario, allo scopo di dimostrare a tutti e senza equivoci che non riconosce solamente la famiglia tradizionale. Gli spot di una volta sono finiti, morti, e guai a sgarrare: sono pronte campagne di demolizione e boicottaggio web simili a quella che subì la Barilla nel 2013. Bisogna mostrarsi inclusivi, anche se non vuol dire un beneamato cazzo.

Il caso Bocconi

Ora, finché tali limitazioni alla libertà di espressione riguardano un'azienda che deve comunque stare sul mercato, e non può permettersi di perdere una fetta più o meno rilevante di clienti, è un conto. Ma questa dittatura qui ormai riguarda tutti, soprattutto le persone comuni.

Adesso vi racconto un'altra storia. Esattamente dieci anni dopo la vicenda Barilla. A sentirla viene da pensare che sia falsa, in quanto sembra una caricatura del politicamente corretto messa in giro da qualche complottista. Eppure, ve l'assicuro, quanto vi sto per narrare è accaduto per davvero. Ed è successo in una delle università più prestigiose d'Italia. Un posto che dovrebbe essere il tempio del sapere, della libertà di pensiero e di opinione: la Bocconi di Milano.

Tre studenti sono stati sospesi per sei mesi e duecento ore di servizi sociali per aver pubblicato sui social delle battute sui bagni gender. Giuro, è successo proprio qui: è tutto vero. Vi riassumo brevemente la vicenda. Un attivista LGBT, come dicono oggi quelli buoni e inclusivi, tal Samuele, fa una battaglia per la realizzazione di un terzo bagno all'università, quello per chi non si riconosce come maschio o femmina. E la vince. Sorpresi? Io no. Se oggi ti batti per diminuire le rette, oppure per i libri gratis, non ti si fila nessuno. Se invece ti batti per il bagno neutro, la spunti senza faticare, e anche molto rapidamente: sono tutti lì che pendono dalle tue labbra. Vabbè, il mondo va così. Questo Samuele sostiene che nei bagni degli uomini viene guardato male, qualche volta deriso. E nel bagno delle donne non è a suo agio, pur avendo lui la figa, almeno così credo. Comunque, alla fine la Bocconi si accolla i disagi di questo tizio e arriva il benedetto cesso; a quel punto lui, tronfio del successo, annuncia tutto via social come avesse vinto la Coppa del Mondo. Che succede? Succede che alcuni studenti commentano e tre, dico tre, fanno delle battute.

Quali cose orribili avranno scritto gli studenti? Quali turpitudini irripetibili? Una delle frasi è questa: «Ma non diciamo pagliacciate. L'orientamento sessuale è una cosa, il sesso biologico un'altra. Può piacerti chiunque, ma se hai il pesce resti maschio, se hai la patafiocca resti femmina. E vai nel bagno adatto». Ecco un altro commento incriminato, un dialogo fra due dei tre giovani sospesi. Uno dice, riferendosi ai nuovi gabinetti: «Li userò, ma non per andare in bagno». E l'altro risponde: «Li puoi letteralmente usare per andare a trans. Me li consigli?».

Insomma, questa roba qui è bastata per sospendere degli studenti per sei mesi, allievi che pagano una retta da migliaia di euro e che, alla fine della fiera, si sono limitati a vergare due righe scherzose sotto un post, non hanno mica piazzato una bomba all'interno della facoltà sequestrando il rettore. Ma nulla viene perdonato se osi toccare il mondo gay; viene imposta una sorta di gogna, che prevede le scuse, e persino il volontariato per non passare guai maggiori, fondamentalmente per rimanere vivi, evitare la cacciata e non essere timbrati per sempre come omofobi. Il tutto per redimersi, ripulirsi e dimostrare di essere stati rieducati efficacemente. State sicuri che se avessero scritto «Berlusconi figlio di puttana», «interisti infami», «milanisti pezzi di merda», o «Meloni fascista sei la prima della lista», non sarebbe accaduto nulla. Anzi, probabilmente sarebbero stati eletti in pompa magna al consiglio di facoltà e premiati per il loro fiero antifascismo. Qui, invece, siamo alla polizia del pensiero. Fai un po' di spiritosaggine su un cesso e vieni multato.

Cessi gender neutral

Ma poi certi «disagi» dei gay o dei trans proprio non li comprendo, nemmeno sforzandomi. Che disagio si può provare ad avere il nome attribuito alla nascita dai propri genitori ancora scritto su un documento? È quello che hanno scelto per te mamma e babbo allorché sei venuto al mondo e ti hanno visto col pisellino o con la patatina. Ti chiami Mario e vuoi chiamarti Veronica? Bene. Aspetta. Aspetta di cambiare i connotati, non è un dramma. Non ci fracassare le balle con la storia dei diritti negati. E che disagio è, se sei munito di uccello, pisciare nel bagno degli uomini anziché in quello delle donne o in quello neutro? La regola dovrebbe essere molto semplice: se hai il pisello, vai nel gabinetto dei maschi, se hai la vagina, nell'altro. Chi ti prende in giro se ti vede vestito da femmina in un bagno diverso? Nessuno. Se ci fosse qualcuno, basterebbe mandarlo a fare in culo o ignorarlo. E poi fare il terzo bagno è un ghetto, una discriminazione bella e buona. E indovinate nei confronti di chi? Proprio di chi vorrebbe realizzarli: se entri in un gabinetto «neutro», chi ti guarda entrare sa che sei fluido, sei in transizione, chiamatela come vi pare, dunque sei già etichettato, marchiato come diverso. Un'assoluta imbecillità. Ma oggi il politicamente corretto si nutre di simboli, anche quando devi andare a cagare. E allora, accanto all'omino con le forme da maschio e a quello con fattezze femminili, che di solito dividono i vespasiani nelle due tradizionali categorie, sono spuntati ovunque quelli divisi a metà: abbiamo creato un terzo disegno, metà gonna e metà pantalone. Un obbrobrio. Dicono: a chi fa male? Al cervello, porca puttana. E poi, che disagio è – spiegatemelo, vi prego – affrontare la vita con queste piccole «noie» quotidiane? Insomma, voi paladini di queste minchiate, lo sapete o no cosa è veramente una vita disagevole? Siete consapevoli che le persone che si trovano davvero in una situazione di disagio non siete voi? Non lo siete perché spesso voi, voi che chiedete i bagni senza sesso, i terzi, quarti, quinti cessi – che poi, chi ha tutto questo spazio non si capisce – probabilmente non avete bisogno di guadagnarvi faticosamente il pane quotidiano. Siete spesso quelli che ce l'hanno fatta, quelli che frequentano le università migliori, e che ora si impuntano e sbattono i piedini perché vorrebbero farla in un cesso più politicamente corretto per il vostro fondoschiena. Siete gli stessi che volete censurare chi non la pensa come voi, inorridite se qualcuno usa la parola negro, gridate al sessismo se uno guarda il culo di una donna, siete quelli che piagnucolate se sentite pronunciare la parola «frocio», montate un caso mediatico e anche politico. L'unico disagio che vedo in questi comportamenti è il disagio mentale di una società iperviziata. Il disagio vero ignorate dove sta di casa, belli miei.

Follie scozzesi

E in Italia, tutto sommato, si sta ancora bene, follie bocconiane a parte. Altrove è persino peggio. Ci sono dei posti nel mondo dove, se sfidi il politicamente corretto, rischi di finire in galera. Per esempio in Scozia, dove hanno approvato una legge contro i cosiddetti «crimini di odio». Vengono colpite le condotte «minacciose» dirette a «fomentare odio sulla base di età, disabilità, religione, orientamento sessuale e identità transgender». Si prevedono pene fino a sette anni di carcere per chi critica aspramente la religione islamica o nega l'autoidentificazione di genere; le persone rischiano di essere indagate se si riferiscono online a qualcuno con il genere sbagliato rispetto a come uno si vuole definire; persino le conversazioni domestiche, quindi private, potrebbero comportare indagine, rinvio a giudizio e condanna; i figli possono denunciare i genitori o un coniuge può denunciare l'altro a causa del suo pensiero. Non è finita. Con la nuova legge vengono di fatto istituiti centri appositi per raccogliere le delazioni anonime, una sorta di polizia del pensiero come descritta da George Orwell nel romanzo *1984*. Siamo alla pazzia. Per essere incriminati, non è necessario avere insultato o picchiato qualcuno, ma è sufficiente che qualcuno consideri qualcun altro colpevole di favorire sentimenti di acredine. Insomma, per la legge scozzese, ci sono alcune «caratteristiche protette» tra cui «età, disabilità, religione, orientamento sessuale e identità transgender» su cui non è possibile dire niente di niente, altrimenti si configurerebbe comunque un delitto. Non è un caso che le categorie siano sempre le stesse: donne, gay, obesi. Mai gli operai, chissà perché: se dico che i metalmeccanici mi stanno sui coglioni, al massimo arriva qualche mail di protesta. Se dici che odi i froci, ti piomba addosso la Polizia postale, sei messo al pubblico ludibrio, ti cacciano dal lavoro e vieni escluso dalla società.

Diritto all'odio

Guardate che questa è una cosa terribile. Perché qui stiamo perdendo di vista due aspetti essenziali della democrazia e della convivenza civile. Il primo è che in un ordinamento democratico si viene eventualmente multati o puniti per le proprie azioni e non per le proprie opinioni, o addirittura per le intenzioni. Se picchio una persona, a prescindere dal colore della sua pelle, è giusto che io venga processato e condannato. Ma se dico che i neri mi stanno sulle palle, sto semplicemente estrinsecando un mio pensiero. Magari è un pensiero del cazzo, okay, ci sto, ma è mio e io, come chiunque altro, godo della libertà inviolabile di manifestarlo.

La seconda cosa fondamentale è questa. La circostanza che qualcuno si senta e si dica offeso, ferito o turbato da qualcosa che ho affermato, non implica e non determina che io abbia commesso un crimine e che debba essere perseguito. Se ti senti ingiuriato, schernito, oltraggiato, leso, umiliato, sono fatti tuoi, il problema è tuo. Io ho il diritto di dichiarare quello che mi pare, senza incorrere in denunce, processi e galera.

Eppure, qui ormai si pensa che l'odio sia un'emozione perseguibile, un reato, che le opinioni possano costituire un delitto se non si conformano al comune sentire, al politicamente corretto. Si pretende che pensiamo ciò che è reputato lecito pensare. Ma il diritto di odiare esiste. L'odio è un sentimento, esattamente come l'amore. Non si può proibire per decreto. Io posso odiare chi mi pare. Se voglio odiare questo o quello, lo odio liberamente. Ho il diritto di farmi stare sul cazzo chiunque. Non si tratta di un misfatto, di un'illegalità, di un illecito, bensì di un sentimento che non si può reprimere.

Però questi schizofrenici del politicamente corretto si sono inventati che l'odio deve essere abolito – un po' come quando alcuni esponenti del Movimento Cinque Stelle hanno comunicato trionfanti di avere sconfitto e cancellato la povertà introducendo il reddito di cittadinanza –, che dobbiamo soltanto amare e non importa se l'amore è simulato: meglio fingere amore che odiare sinceramente. Se non ti adegui a queste direttive, se non sposi la loro ideologia, vieni automaticamente bollato come odiatore e devi procurarti un avvocato per uscirne vivo.

Insomma, se un povero cristo dice che i sessi sono due, maschile e femminile, non ha tutti i torti. Chi diavolo può contraddirlo? Costui non sta odiando, sta descrivendo la realtà. Invece in Scozia, adesso, se soltanto mormori che i sessi biologici sono due, rischi di essere rinchiuso in gattabuia.

Gli scozzesi hanno tirato in mezzo persino J.K. Rowling, l'osannata autrice di *Harry Potter*, una di sinistra, che ha fatto mille battaglie a favore dei gay. Le solite associazioni la accusano di essere transfobica perché ha fatto notare una cosa semplicissima, che se hai il pisello non sei una donna. Ma vi rendete conto?

Rowling è stata minacciata dagli attivisti trans, è stata querelata poiché ritiene che i trans non debbano competere nelle categorie femminili alle Olimpiadi, in quanto sono fisicamente avvantaggiati rispetto alle atlete di genere femminile, e che i trans non debbano andare in prigione assieme alle donne, dato che potrebbero anche stuprarle, cosa che è successa davvero, non nelle fantasie della scrittrice. Ha detto la Rowling dopo l'approvazione della legge scozzese: «La libertà di parola e di opinione sono al capolinea in Scozia se l'accurata descrizione del sesso biologico è considerata criminale. Sono al momento fuori dal Paese, ma se ciò che ho scritto qui si qualifica come reato in base ai termini della nuova legge, non vedo l'ora di essere arrestata quando tornerò nel luogo di nascita dell'Illuminismo scozzese». Che tempi di merda.

Il genere di stagione

Ormai tutto viene considerato accettabile, qualsiasi desiderio va trasformato in diritto e guai se non ti adegui, potresti risultare non solo antiquato ma anche omofobo. Recentemente ho appreso che esiste il genere «di stagione», cioè la tua sessualità può variare seguendo il corso delle stagioni: uomo d'inverno e femmina d'estate, o viceversa. È una novità assoluta e bisogna tenerne conto quando ti rivolgi a qualcuno, anche se non risulta chiaro il ruolo della primavera: urge approfondire. Ma c'è gente che davvero vuole che questa ridicolaggine sia in qualche modo riconosciuta. Una tale Dee Whitnell sostiene sul serio che le stagioni possono influenzare la tua identità e di sentirsi più maschile d'estate. «In quel periodo» dice «indosso abiti più maschili, i capelli più raccolti. In inverno, invece, adoro le gonne e i vestiti. E porto i capelli sciolti.» Ora, va bene tutto, per carità. Uno può sentirsi anche un cavallo o una cavalletta, un bisonte o una mosca, nulla da dire e nulla da eccepire. Chiunque può sentirsi qualsiasi cosa, anche in periodi diversi dell'anno, fai come ti pare, e nessuno contesta niente di come conduci la tua esistenza. Ci mancherebbe altro. Ma posso sostenere che questa del sesso stagionale è un'idiozia totale sì o no? Posso dire liberamente che coloro che si sentono non binari a corrente alternata sono degli idioti assoluti senza che qualcuno mi denunci, senza che qualcuno mi porti in tribunale come un odiatore? Spero di sì.

Chissenefrega se sei gay

Vorrei dire qualche parolina anche sulle associazioni gay che, numerosissime, agiscono con grande clamore sul fronte della comunicazione. Se ne contano a decine, e in qualche caso ricevono cospicui finanziamenti pubblici per le loro attività. Si tratta di una vera e propria lobby frocia, ma essendo il sottoscritto a favore delle lobbies, non ci vedo nulla di male.

Una domanda però sorge spontanea. Per chi si battono? Chi rappresentano? Mentre le associazioni, faccio un esempio, delle imprese o di altre categorie, hanno un elenco di aziende che aderiscono, le varie sigle del mondo arcobaleno pretendono spesso di parlare a nome di tutti gli omosessuali del pianeta. Non è così: non si esprimono a nome dell'universo omo, ma solo di se stesse. La stragrande maggioranza dei gay, chiamateli come volete, se ne fottono dell'appartenenza a una lobby, a un'associazione, non hanno mai preso una tessera e non sopportano di essere catalogati sulla base degli aspetti più intimi del loro privato. Del resto, è comprensibile. Chi di noi, conversando con una persona, indaga circa i gusti sessuali di quest'ultima, domanda con chi vada a letto e cose di questo tipo? Io, quando mi relaziono con qualcuno, uomo o donna che sia, mi faccio un'idea su colui o colei che ho davanti sulla base di quello che dice, e non di quello che gradisce sul materasso di casa propria. Posso essere curioso, certo, quando la conoscenza si approfondisce. Ma schedare e giudicare un individuo per il suo orientamento erotico è fortemente discriminatorio. Eppure – apriamo gli occhi – è quello che fanno le associazioni omosessuali. Non ho mai sopportato l'assurda mania del coming out: ma chissenefrega di sapere che scopi con un maschio, che lo prendi nel deretano o che ti piace leccare la passera. La realtà è che spesso si parla della comunità gay come fosse un'entità definita, chiara, ma questa comunità in realtà non esiste; esistono invece le singole persone, ognuna diversa dall'altra. Sosteneva l'immensa Margaret Thatcher che «non esiste la società, esistono solo gli individui, uomini e donne, e le famiglie». Aveva ragione lei.

Contro il femminismo

Grazie al ministro Valeria Fedeli.
Credo che Valeria non si dorrà
se io insisto in una licenza
che mi sono preso da molto tempo,
quella di reagire alla trasformazione
di dignitosi vocaboli della lingua italiana
nell'orribile appellativo di ministra
o nell'abominevole appellativo di sindaca.

Giorgio Napolitano

Puttanieri e troie

Ora, io i gay posso anche capirli. E posso capire anche i trans o le trans, chiamateli come vi pare; sono state per anni categorie davvero perseguitate e discriminate, ci sta che gli girino un po' i coglioni e adesso vogliano prendersi tutto. Noi siamo qui a difenderci dalle follie, dagli estremismi, dai pericoli, dalle quote frocie e da chi ci vorrebbe in galera perché parliamo come mangiamo, tuttavia comprendo che qualcuno possa essere arrabbiato col mondo, in fondo tempo fa erano davvero defraudati, emarginati, combattuti, e ancora oggi, in alcuni Paesi africani e asiatici, sono brutalizzati e ammazzati. Quelle che io non capisco sono le donne. Voglio dirlo subito, a scanso di equivoci: sono totalmente a favore della parità assoluta tra uomo e donna; e d'altra parte, chi non lo è, oggi, qui in Occidente? Non sono affatto maschilista, anche se qualcuno cerca di affibbiarmi questo marchio, cosa di cui me ne fotto altamente; anzi, ho l'onestà di riconoscere che nella nostra società resistono ancora alcuni pregiudizi. Ad esempio, l'uomo che va a letto ora con una e dopo con un'altra è considerato un «puttaniere» dalla massa, e persino dalle persone che lo conoscono. Ma puttaniere nel senso buono del termine, un figo, uno che ha successo, uno da guardare con ammirazione, uno da cui farsi raccontare un sacco di dettagli. Egli è il «donnaiolo», e non subisce alcun danno dalla sua nomea, vera o presunta che sia. Il suo corrispettivo femminile non è altrettanto positivo. Una donna che fa la stessa cosa, quella che si scopa un uomo a sera, è una «puttana» oppure una «troia». Termini che vengono ovviamente considerati come dei veri e propri insulti. Spesso rivolgo una domanda ai miei amici, o anche a semplici conoscenti: «La vorreste una sorella, o una madre, che si fa sbattere da uno diverso ogni settimana?». E le risposte che ricevo sono quasi sempre le stesse: «No, spero che non lo faccia». Essendo pieni di pregiudizi, se ne vergognerebbero. Se rivolgessi la stessa domanda, ma il protagonista fosse il fratello o il padre, la risposta sarebbe totalmente diversa. Trovo assurdo che donne libere, colpevoli di niente, padrone del proprio corpo, vengano bollate da taluni e talune come «poco di buono», sporcaccione, donnacce. Occorre riconoscere che una femmina è libera di scopare come scopa un uomo, ossia in modo continuo e pervicace, seguendo i propri sentimenti, istinti, sensazioni, senza per questo incorrere nel giudizio e nella condanna altrui. Spesso sono altre donne a definire «puttana» l'amica, la collega, la conoscente, la vicina, la perfetta estranea che suscita invidia, quella che non ha inibizioni, che si gode la vita, che passa da un fidanzato all'altro, da un'avventura all'altra. Saranno o no fattacci suoi? La chiamano «puttana», o peggio, soltanto perché vorrebbero essere al suo posto, ma non sono abbastanza libere e coraggiose per esserlo. Ecco, questa sarebbe una grande rivoluzione culturale: la femmina scopatrice seriale sullo stesso identico piano dell'uomo, e non più con le stimmate della peccatrice.

Mai quote rosa per gli operai

Detto questo, chiedo alle donne: siete sicure che state portando avanti le battaglie giuste? Siete sicure che le femministe, quelle più rumorose, facciano davvero i vostri interessi? Perché a me sembra che il più delle volte si perdano in battaglie assurde. La grande lotta delle femministe di oggi è contro il patriarcato. Ma che cos'è questo patriarcato? Esso consiste in un tipo di organizzazione della famiglia e della società in cui il potere del padre, quindi del maschio, è dominante e soffoca le libertà e le aspirazioni del genere femminile. Ma in quali ambiti, oggi, gli uomini seguitano a comandare? Una donna è diventata presidente del Consiglio. Un'altra è leader del principale partito di sinistra, il più forte dell'opposizione. Le signore, se vogliono, possono comandare.

E comandano. Eccome. Ci sono le quote rosa in politica, e non solo. Ormai non c'è convegno, istituzione, consiglio di amministrazione in cui non debbano essere rappresentate le donne esattamente come gli uomini, a prescindere dal merito. Un giorno il mio amico Nicola Porro ha organizzato una delle sue formidabili kermesse dove, nei vari panel, i relatori erano per caso solo uomini, ma solo perché una non poteva, un'altra aveva il mestruo (battuta, non vi scaldate), altre ancora avevano impegni o avevano rifiutato l'invito: apriti cielo, una volta pubblicate le locandine dell'evento, gli sponsor hanno minacciato di ritirare i finanziamenti. Risultato: sono state reclutate in poche ore delle sostitute solo perché donne. Io, però, mi domando: ma perché le donne non pretendono mai le quote rosa, che ne so, per i muratori o per gli idraulici? Eppure, non ci sono tante signorine in quelle categorie. E trovo che sia pure opportuno che sia così, poiché le differenze fisiche tra i sessi esistono. Però, guarda caso, le femministe le negano soltanto quando fa comodo a loro. Solamente quando ci sono in ballo i soldi o il prestigio. Lo sapete che più del novanta per cento dei morti sul lavoro sono uomini, vero? Ma dov'è questa discriminazione? E lo sapete che la maggior parte dei carcerati sono uomini? Come la maggior parte dei senzatetto, di chi si suicida, di chi subisce crimini violenti? Tutti fottutamente uomini. Ma nessuno si lamenta.

Tutto è patriarcato

Eppure oggi è tutto patriarcato. Dobbiamo sentirci colpevoli e patriarcali persino quando un pazzo malato e possessivo ammazza la sua fidanzata, ricordate il caso Cecchettin, e i maschi progressisti, quelli buoni e inclusivi, invocavano un pentimento collettivo dell'uomo, pretendendo una specie di lavacro pubblico. L'omicidio della povera Giulia (Cecchettin) fu persino definito «omicidio di Stato», come se un governo, o un'istituzione, avesse armato di coltello il massacratore; il padre auspicò un cambiamento radicale del genere maschile; furono intervistati uomini colpevoli di violenze verso le compagne o le mogli, e ovviamente pentiti, come fosse una specie di processo in mondovisione all'essere umano col pisello, bianco di carnagione e abitante nel mondo occidentale; mi ricordo perfettamente uno di questi, durante codesta ignobile sfilata di mostri a uso e consumo della plebe, che pronunciò le seguenti parole: «A mia moglie ho spaccato la testa e rotto il setto nasale, ora sono cambiato, ma il patriarcato ce lo abbiamo dentro tutti»; per mesi abbiamo sentito autorevoli rappresentanti del mondo politico e giornalistico autoflagellarsi e riconoscersi miserabili del solo fatto di essere uomini, mi sovviene addirittura il vicepremier Antonio Tajani che continuava a chiedere scusa, contrito, addirittura «a nome di tutti gli uomini», come fosse incaricato da un'autorità morale di esprimersi a nome della categoria. Pareva, in quei mesi dell'autunno 2023, che i maschi italiani fossero un branco di assassini stupratori, molestatori e violenti, e le donne costantemente alla loro mercé. Partì una specie di violenta jihad antimaschile, mentre in pochi (tra cui il sottoscritto) facevano notare che in realtà in Italia è pieno di famiglie, coppie, luoghi di lavoro, dove uomini e donne non solo si incontrano e dividono fortune e sfortune, ma convivono tranquillamente, senza alcun comportamento criminale; e sono pure, udite udite, la stragrande maggioranza dei casi. Si leggeva invece che gli uomini avrebbero dovuto «riconoscere il privilegio di nascita, l'essere maschio, e provare ad abbatterlo»; il *mea culpa* era necessario e urgente. Piero Pelù, il cantante, vergò le seguenti parole: «Mi vergogno di essere uomo. Siamo tutti da rifare». Un altro cantante, Francesco Renga, mormorò: «Giulia... ti chiedo scusa». Ma scusa di cosa? Perché dovremmo sentirci colpevoli di quello che non abbiamo commesso? Perché un maschio deve inginocchiarsi e pentirsi se un criminale ammazza la sua ex? Io non mi sento colpevole di nulla.

Il femminicidio non esiste

In ogni caso, mi rifiuto di chiamarlo femminicidio: trattasi di un omicidio come un altro, che non va punito con leggi speciali, che di solito nascono da un'emergenza. Ebbene, oggi questa emergenza non esiste. Non lo dico io, lo dicono i dati. Ovviamente, anche una sola uccisione è una tragedia, ci mancherebbe altro: dirlo è quasi obbligatorio, altrimenti ti spellano vivo. Però, come maschio, lo ripeto, non mi sento colpevole di niente. Basta con questa storia di cui si parla da quando è stato compiuto l'omicidio della povera Giulia Cecchettin, usata come uno stendardo per chi vede dietro a ogni uomo un potenziale assassino, un violento, un animale assetato di sangue. Non è così. Lo disse una sorta di eroe contemporaneo, mentre c'era gente che andava pentendosi di essere nata con un cazzo in mezzo le gambe. Ora gli eroi, senza enfatizzare troppo la parola, sono quelli che vanno controcorrente, che quando tutto il mondo rema in un certo modo, vanno in direzione contraria, non allineandosi alla facile demagogia. Ecco spuntare dunque un funzionario dello Stato, uno sconosciuto prefetto, tal Francesco Messina, il quale cominciò a spiattellare dei numeri: le donne uccise in Italia nei primi undici mesi dell'anno erano centocinque, ma i femminicidi quaranta; certo, comunque tante, ma meno di cinque o dieci anni fa, e decisamente meno rispetto ad altri Paesi europei. Il prefetto fece il prefetto e finì sulla graticola, perché aveva usato la razionalità in un momento in cui c'era un furore generalizzato verso chiunque avesse il pene. Il prefetto usò ciò che deve usare un uomo in un momento in cui la gente impazzisce: la testa e le palle. Ed ebbe le palle di dire che non c'era alcuna strega da bruciare sul rogo del patriarcato e che le responsabilità sono personali. Partì dalla definizione: «Il femminicidio è l'omicidio di una donna per motivi di genere. Il femminicidio non è il semplice omicidio di una donna». «La donna uccisa dal fratellastro o dal fratello» proseguì «per motivi economici, per l'eredità, è un motivo diverso dal femminicidio, come anche la donna uccisa per rapina. La madre che uccide la figlia perché, sostanzialmente, ha sbroccato, non è femminicidio; il marito che uccide la moglie perché al terzo stadio di una gravissima malattia e poi si suicida, cioè il cosiddetto "omicidio per *pietas*", questo non è femminicidio. Quindi ricordiamo bene la differenza, perché sennò si rischia di essere discriminatori verso gli omicidi degli uomini. Dunque i femminicidi sono quaranta e sono in diminuzione rispetto all'anno scorso.» *Chapeau*.

Biancaneve e i sette nani sessisti

Dicevamo: tutto è patriarcato. Persino *Biancaneve e i sette nani* diventa simbolo di diseguaglianza e discriminazione. Già, Biancaneve e i sette nani, ragazzi. Ve la ricordate la polemica? Secondo Paola Cortellesi, la pluripremiata e adorata Paola Cortellesi, grande testimonial della *revanche* neofemminista, Biancaneve sta a casa a fare la colf dei sette malefici nani, che invece escono tranquillamente di casa e la trattano in maniera patriarcale. Riassumo con qualche licenza, ma più o meno questo è il messaggio lanciato durante l'inaugurazione di un anno accademico (quanta gloria!). Dunque, i poveri nani sfigati, che si spaccano di fatica, che si rompono la schiena nei cunicoli della miniera sporchi di carbone, secondo la Cortellesi sarebbero sfruttatori di Biancaneve, mentre, come sappiamo tutti, in realtà, la ospitavano per salvarla da un'altra donna, non dal maschio cattivo. Che cosa ridicola. Se proprio dovessimo seguire il discorso della Cortellesi, e non lo facciamo per carità di patria, quello che emerge dalla favola è la storia di una donna sfuggita alla furia omicida di un'altra donna per merito di un uomo, e che è sopravvissuta grazie al buon cuore di altri piccoli uomini che l'hanno ospitata mentre lei ha cercato di ricambiare facendo onorevolissimi lavori domestici: chi l'ha detto, infatti, che fare la colf non sia dignitoso? Ma non è tutto. Sempre Sua Maestà Cortellesi ci ha messo di fronte a una domanda cruciale per il nostro destino, e forse per le sorti dell'umanità: «Se Biancaneve fosse stata una cozza, il cacciatore l'avrebbe salvata lo stesso?». Roba da non dormirci la notte, perché, effettivamente, una Biancaneve meno figa e coi peli sulle gambe poteva dare lustro ad altri aspetti del suo essere femmina. Pensate sia finita? Assolutamente no. Altra battaglia è sul ruolo della strega: spesso le donne nelle fiabe, sostiene, vengono identificate con personaggi negativi. A parte che non è vero, e basta semplicemente avere una cultura basica del mondo fantasy per smentire questa baggianata, alla fine uno si rompe e viene spontaneo rispondere così: «È una fiaba, cazzo, non c'è alcun patriarcato, perché è un diavolo di fiaba, porca miseria ladra». La strega è solo una strega, come un bacio è solo un bacio, come i nani non sono patriarchi, non c'entra niente con la discriminazione delle donne. Chi l'ha scritta, secondo voi, voleva presentare una donna come cattivo esempio? E dai…

Il femminile sovraesteso

Poi c'è la grande battaglia sui nomi al femminile, una specie di linea del Piave. Devi per forza dire sindaca, avvocata, assessora e via discorrendo, anche quando non suona bene; se non lo fai, vieni subito redarguito come maschilista, uno che vuole ricacciare indietro la donna. Guardate, a me non frega nulla di queste boiate: parlo come mi viene, senza pensarci troppo, e se qualcuno insiste per essere chiamato con una desinenza diversa, se la cosa non mi disturba troppo, lo accontento volentieri; trattasi fondamentalmente di cazzate, e poi, se avete voglia di storpiare la grammatica, di cambiare le definizioni, fate pure, affari vostri. Basta che non ci rompete le scatole con obblighi e scartoffie varie. In ogni caso, quando incontro una donna che se ne frega di queste cose, e vi assicuro che sono tante, tantissime, non lasciatevi condizionare dai social o dai giornali, mi viene voglia di abbracciarla fortissimo. La pressione del politicamente corretto, infatti, è incessante: quando Giorgia Meloni decise di farsi chiamare negli atti ufficiali «il presidente del Consiglio» e non col terribile «la presidente», fu massacrata dai soliti noti. Le scelte personali non sono più consentite, in nome del bene universale di cui questi presunti progressisti si sentono depositari. E poi si arriva al caso più clamoroso e ridicolo: il femminile «sovraesteso», termine assurdo che faccio fatica a capire, e forse non voglio nemmeno capirlo. Comunque: che cos'è il femminile «sovraesteso»? L'Università di Trento, e dico l'Università, non l'ultimo degli uffici pubblici, ha imposto un regolamento in cui si prevede che tutte le cariche debbano essere declinate al femminile, anche se sono ricoperte da uomini: e dunque, il rettore diventa rettrice, il professore si trasforma in professoressa, un decano si deve chiamare decana e così via. Stupiti? Io per nulla, quando si scava una fossa, si continua a sprofondare nell'abisso. Tutto questo per essere ovviamente più inclusivi, per esibire un simbolo. Troppi uomini nei ranghi dell'ateneo? Diamo una svolta: non più il patriarcale diktat di una volta che metteva il maschile per tutti, ma un femminile vendicativo per interposto vocabolario. Come per dire: «Cari maschietti, se adesso vi sentite mortificati, pensate a come ci siamo sentite noi per tanto tempo». L'uomo ha da espiare una colpa, cominciamo col punirlo così. Siamo alla follia pura, all'idiozia istituzionale.

Non una di più

Vi faccio un altro esempio del delirio femminista. C'è un'associazione molto chiassosa che si chiama *Non una di meno*. Si tratta di un gruppo tra i più famosi e attivi nel panorama mediatico, anche se in realtà sono una minoranza della minoranza, e certamente non rappresentano la maggioranza delle donne italiane. Ma tant'è, fanno casino, e dunque se ne parla. Ogni anno vanno in piazza in occasione dell'8 marzo, festa della donna; fin qui, nulla di strano. Ora, tra i vari slogan che diffondono, ce n'è uno che mi ha colpito: invitano a scioperare dai consumi, «dal fare acquisti», scrivono, dando un segnale forte «sul piano economico e politico», e a compiere una scelta green, evitando «mezzi di trasporto inquinanti e a non utilizzare gli elettrodomestici». Va bene tutto, per carità. Ma perché non comprare, non spendere dovrebbe aiutare la cosiddetta «causa femminile»? Boh, mistero della fede. E ancora: cosa c'entra l'ecologia con le battaglie per i diritti delle donne? Ah, saperlo. Per non parlare poi dei «mezzi inquinanti», che sarebbero le autovetture a diesel o a benzina. Le macchine, care amiche femministe, sono uno straordinario strumento di libertà. Consentono a tutti, donne comprese, di muoversi liberamente, come e ovunque desiderano, e soprattutto di essere padroni del proprio tempo. Fino a poco fa, infatti, in Arabia Saudita era vietato alle donzelle di guidare, proprio perché consentirlo comportava una maggiore emancipazione. Spiegatelo voi alle donne saudite che è giusto non utilizzare l'auto, perché così si salva il pianeta e si colpisce la struttura maschilista del potere, come raccontate voi. E poi, come dovrebbe fare una persona normale a raggiungere il posto di lavoro? Coi mezzi pubblici che non funzionano? Con la bicicletta sotto il sole o la pioggia? E i pendolari? E le mamme lavoratrici? Insomma, tutte quelle che devono correre avanti e indietro, come diavolo dovrebbero fare? Incredibile. Gli elettrodomestici, poi. Quale signora rinuncerebbe oggi alla lavatrice, all'aspirapolvere, alla lavastoviglie, al forno, al frigorifero, all'asciugatrice, complicandosi un'esistenza già complicata di suo? Alcuni di questi strumenti, com'è ovvio, sono stati fondamentali per garantire l'affrancamento della donna dal ruolo di angelo del focolare domestico, relegato tra le quattro mura a fare da sguattera. Queste invenzioni hanno diminuito la fatica, hanno aumentato il tempo disponibile, hanno permesso alle dirette interessate di dedicarsi a ben altro, e non soltanto e sempre ai lavori di casa. *Non una di meno* dovrebbe fare della lavastoviglie una statua, dovrebbe portarla in giro, esporla durante le manifestazioni e ringraziarne l'inventore. E invece, queste femministe di oggi raccomandano alle ragazze di non usarle, regredendo così a un'epoca superata, in cui si spaccavano la schiena tutto il giorno sia dentro che fuori casa. Ditemi, vi prego, come sia possibile che questa roba qui faccia bene alle donne. Insomma, fare a meno della lavatrice e dell'auto, come dovrebbe favorirle? Altro che *Non una di meno*, non una di più in circolazione a sparare cazzate.

Catcalling

Va di moda il sessismo, ogni cosa è sessista. Se paghi una cena sei sessista, se spieghi una cosa a una donna sei sessista perché stai facendo *mansplaining*: si sono inventati anche il termine. Ma scusate, non sono le femmine che passano la giornata a spiegarci come dobbiamo fare questo o quello? Lo so, sto utilizzando un luogo comune per scardinare queste bestialità, però mi aggrappo alla mia esperienza personale. Ma dove sta il sessismo se ti spiego una cosa che non sai? Poi c'è la mia molestia preferita, il *manspreading*, cioè la postura dell'uomo su un mezzo di trasporto. Voi direte: che c'entra con la violenza? Siete rimasti indietro. Scrive una femminista tutta d'un pezzo, Giulia Zollino, che «il modo in cui ci sediamo e occupiamo lo spazio non è un fatto naturale, bensì è determinato da modelli e ruoli di genere che definiscono il maschile dominante, conquistatore, proteso verso l'esterno e il femminile come docile e composto». Un'altra attivista definisce il *manspreading* «una spia del machismo». Dunque allargare le gambe non sarebbe solo distrazione o maleducazione, un fatto naturale, ma una discriminazione. Da ridere, se non ci fosse da piangere; immagino la preoccupazione di una donna in Congo o nello Sri Lanka, sarà certamente una priorità. Roba da matti. Per non parlare poi dei complimenti: bisogna stare attenti a tutto quello che si dice, soprattutto sul luogo di lavoro. Per un certo periodo, andava per la maggiore il *catcalling*, cioè il fischio o la battuta a una sconosciuta per strada: era diventata all'improvviso un'emergenza nazionale. Ve lo ricordate? I maschi italiani venivano dipinti come degli allupati che a ogni incrocio erano pronti a rivolgere attenzioni sessuali alla femmina di turno: suoni, imprecazioni, «ammazza che culo», «che bella topa»... cose di questo tipo. Che poi non ci sarebbe nulla di strano, diciamolo. Comunque adesso la grande emergenza non c'è più. Però qualcuno prende sul serio queste stronzate. Per esempio il Comune di Bologna. Ragazzi, qui siamo davvero al top. La giunta di sinistra ha promosso una campagna contro le molestie sul trasporto pubblico. Diciamo la verità: queste iniziative servono a poco, se non a nulla. Secondo voi, uno che ha la fissa di toccare il sedere di una ragazza sull'autobus si fa impressionare da un cartello, o teme di più la Polizia? Vabbè, passiamoci sopra. Ma se poi vai a vedere nel dettaglio come hanno speso i soldi pubblici, resti basito; uno di questi cartelloni recita: «Gli occhi tienili sullo smartphone. Fissare con insistenza una donna è molestia». Avete capito bene: se la prendono con lo sguardo. E chi dovrebbe decidere quando diventa insistente uno sguardo? Gli altri passeggeri? I controllori? Un giudice? Scrivono ancora questi fenomeni: «Se succede, la soluzione è sedersi vicino all'autista, risorsa formata per gestire queste situazioni». Ma gestire cosa? Hanno fatto lezioni al conducente per capire se siamo in presenza di un maiale che sbava? E come fa il povero autista a capirlo? Pazzesco. Cosa pensano i compagni, che uno possa viaggiare e non ammirare il bello, un bel sedere, una tetta stretta e delineata dal vestito? Lo sguardo è vita, osservare e ammirare sono il centro di tutto, il sale della nostra esistenza. E poi, anche le signorine guardano gli uomini, eccome se li guardano, scrutano la schiena, le curve del sedere, le spalle, il pacco, eccome se immaginano come hanno il pisello, come scopano, come si muovono a letto. E con queste, come la mettiamo?

Tutto è molestia

Il fatto è che ormai qualunque cosa viene classificata come violenza o molestia. Abbiamo perso la capacità di separare la violenza vera dalle stupidaggini.

L'ex presidente della federazione spagnola di calcio, Rubiales, è stato accusato di violenza sessuale perché durante una premiazione, in uno slancio di entusiasmo, ha baciato sulle labbra una giocatrice. Uno sconosciuto tifoso della Fiorentina è stato messo al pubblico ludibrio (e condannato dalla giustizia ordinaria) per avere dato una veloce palpata al sedere di una giornalista che era in diretta tv, gesto da imbecilli totali, ma che non può essere accostato a uno stupro. I casi sono numerosi: come quello del povero Memo Remigi, cacciato dalla tv per un gioco di mani certo non irreprensibile, ma senza malizia, e costretto a passare le pene dell'inferno per tornare a lavorare. Ormai conoscere una donna e avere eventualmente con lei un rapporto sessuale è diventata un'impresa, ma soprattutto un rischio. Una volta andavi agli appuntamenti e al massimo ti portavi dietro un preservativo. Oggi devi portarti dietro l'avvocato. E chiederne l'assistenza persino mentre fai sesso, perché le femministe si sono inventate addirittura una sorta di «consenso retroattivo», o dovrei dire «dissenso retroattivo». In breve, siamo arrivati al punto che una tizia oggi te la dà, ma fra un mese può stabilire che quando te l'ha data un mese prima in realtà non ti aveva prestato il consenso esplicito e tu, dunque, l'hai molestata. Fra un po' ci toccherà adottare forme di autotutela, ossia fare sesso registrando, e ogni due secondi domandare alla donna che è lì con noi: «Sei proprio sicura di volerlo fare?», «Sei ancora sicura?», «E adesso?». Così dall'inizio alla fine. «Posso continuare a toccarti?» E intanto registri. Guardate che non lo dico io, ma un avvocato di grande fama come Annamaria Bernardini De Pace. «Gli uomini, soprattutto quelli famosi ma non solo» sostiene «rischiano perché ci sono ragazze che ricattano, ragazze avide e cattive. E voi uomini dovete difendervi, portandovi un registratore e registrando tutto, il momento del consenso e il resto, ogni passo del rapporto sessuale; conservate tutto in cassaforte, così, se un domani voi avete dimenticato tutto mentre queste si svegliano anche dopo cinque mesi e vi denunciano, voi avete la prova documentale. Ecco, la ragazza calunnia, la ragazza paga.» Forse in questo modo il maschio ormai perseguitato la fa franca, ma che tristezza.

Le tette, le statue, le vie

Però ci sono questioni ancora più urgenti che preoccupano le femministe. Quali? Uno di questi grandi problemi, ad esempio, riguarda il fatto che in Italia «solo il quattro per cento delle strade è intitolato a donne». Vi rendete conto? Un vero dramma. A contare le strade dedicate a persone di sesso femminile ha provveduto l'associazione Toponomastica femminile, fondata e presieduta dall'attivista Maria Pia Ercolini. Questa organizzazione, si legge sul sito ufficiale, «nasce con l'intento di restituire voce e visibilità alle donne che hanno contribuito, in tutti i campi, a migliorare la società. Il gruppo di ricerca pubblica articoli e dati su ogni singolo territorio e sollecita le istituzioni affinché strade, piazze, giardini e spazi urbani in senso lato siano dedicati a donne». Un'urgenza improcrastinabile. Il gap è non solo divisivo, ma anche sanguinoso per le future sorti delle femmine italiche: «La media di strade intitolate a donne va dal tre al cinque per cento, in prevalenza madonne e sante, mentre la media di quelle dedicate agli uomini si aggira sul quaranta». C'è da ribellarsi. Da prendere le baionette, i fucili, e salire in montagna. Per adesso si sono fermati agli appelli, come quando nel 2021 il settimanale *Vanity Fair* ha lanciato un progetto intitolato *La strada giusta*, che «si fa promotore di intestazioni al femminile di strade, piazze, corti e giardini», con vari testimonial tra cui Chiara Ferragni, Elodie, Vittoria Puccini, Ginevra Elkann, Lucia Annibali, Samantha Cristoforetti, Emma Bonino, persino Luciana Lamorgese. Come dire: le priorità del Paese. Per esempio a Padova, dove si è deciso, dopo discussioni fondamentali per il futuro della città, che sarà eretta una statua di una donna in Prato della Valle, perché, dopo centinaia di anni senza arrecare danni a nessuno, si è magicamente scoperto che le settantotto statue presenti sono dedicate tutte a personaggi maschili. Sacrilegio! Sessismo! Discriminazione! E così parte lo stanziamento di soldi per rimediare all'affronto. Ma non c'è limite all'idiozia; nella vicina Verona si grida al sessismo perché qualcuno, sfiorando per tradizione e curiosità la tetta della statua di Giulietta, le ha provocato dei forellini. E dunque, basta palpeggiatori non autorizzati, clandestini, molesti. La vicesindaca, Barbara Bissoli, ci vede del marcio: «Il degrado fisico della statua sollecita una riflessione sul tema del consenso... la mia idea è di esporre in più punti vicino alla statua messaggi nei quali la fanciulla esprima il proprio consenso a essere, per esempio, fotografata e presa per mano o sottobraccio. Di certo, a essere trattata con rispetto». Insomma, basta patriarcato pure sulle statue. Si ponga fine alla processione di abusatori seriali. Si salvi la tetta di bronzo dai maiali. Ecco, il politicamente corretto è uscito fuori di seno.

Il velo è imposizione

Ora, mentre il femminismo occidentale si occupa del nome delle vie, delle desinenze, dei sostantivi, del fischio per strada, degli sguardi sugli autobus e degli scioperi green, ci sono Paesi islamici dove i diritti elementari delle donne vengono negati; e anche qui, in Italia, a causa di un'immigrazione sempre più massiccia, cresce il numero delle donne che vengono davvero sottomesse, picchiate, costrette a nascondersi. E queste, autentiche vittime del patriarcato, quello musulmano, sono quasi del tutto ignorate dalle femministe. Mentre si ciancia di cose inutili, le femmine occidentali ogni mattina aprono le ante del loro guardaroba e scelgono i pantaloni o la gonna, la camicia bianca o il top colorato, e poi il rossetto rosso o quello rosa; al contrario, le femmine islamiche hanno certamente anche loro un ventaglio di opzioni, ma un unico, insindacabile comandamento: devono coprirsi, coprire pure il capo, poiché oscena, seducente e provocatoria è la chioma. Sono in sostanza obbligate ad andare in giro velate da capo a piedi, oppure solamente in testa. Le vedete tutti, ma nessuno dice niente. Nessuno si indigna seriamente. E non si dice niente perché «quella è la loro cultura», perché si tratta spesso di immigrati e, quando si tratta di migranti, è ammesso soltanto discutere di accoglienza, di porti aperti, di braccia altrettanto aperte. Ma quel velo non è «la loro cultura», non è «la loro libertà di vestirsi come vogliono». Quel velo non è solo un indumento, bensì una regola di vita, un vero e proprio strumento di coercizione, un arnese di tortura psicologica. È attraverso il velo che viene realizzata la manipolazione dell'anima e della mente di quelle donne, la cancellazione della speranza, della volontà, dei sogni e spesso anche dei progetti di vita: non devi farti vedere da nessuno, a meno che non si tratti dell'uomo a cui appartieni. Per non limitarci all'Italia, sotto quei milioni di chilometri di tenda nera vegetano senza vivere milioni di donne, ammazzate nello spirito e nelle carni, plagiate e spesso schiavizzate.

E dire che la parola «velo» rimanda a qualcosa di leggero e impalpabile, eppure esso è per eccellenza il simbolo della schiavitù della donna, l'emblema dell'assoggettamento di un intero genere e del dominio del maschio sulla femmina, così come prescritto e imposto dalla cultura islamica. Il velo rappresenta la privazione di qualsiasi diritto, nonché la rinuncia a opera della donna stessa alle sue proprie libertà fondamentali per piegarsi alla volontà, ai desideri, alle aspettative e alle pretese del soggetto maschile, che sia questi marito, padre o fratello. Ecco perché non sussiste al mondo nulla di più pesante di quel velo, che pure troppo spesso viene difeso persino nell'Occidente civile in nome della globalizzazione, della società multiculturale e multietnica; coloro che si ribellano finiscono spesso uccise, non soltanto nei Paesi arabi dove trionfano le posizioni integraliste, ma persino in Europa, all'interno di quelle comunità di immigrati che esigono di vivere in Occidente ma senza osservare le nostre norme, piuttosto mostrando intolleranza e disprezzo nei confronti del nostro stile di vita e dei nostri costumi e modelli culturali, improntati alla democrazia e alla libertà, all'assoluta parità di genere e al rispetto dei diritti umani. Chiariamo subito un punto: una donna che veste il velo non è mai libera di metterlo, in quanto ella non è mai libera di non metterlo. O almeno è così nella maggior parte dei casi. Tuttavia, per le neofemministe il patriarcato è italiano. È il maschio italiano a essere definito «tossico», mica quello islamico. E dove sono le femministe di casa nostra, e cosa fanno di fronte a quello che accade alle donne in Iran? Nulla, spariscono nelle loro misere, inutili battaglie sui nomi e sulle parole. Non abbiamo visto grandi mobilitazioni in nome di Saman, una ragazza ammazzata dalla sua stessa famiglia perché voleva essere libera: Saman Abbas, diciannove anni, italiana di Novellara, Reggio Emilia, Emilia Romagna, Italia. È lei l'eroina dei nostri tempi, ma le Erinni di casa nostra preferiscono prendersela con gli sguardi.

Contro l'immigrazione

L'egoismo è il motore del mondo.
Senza l'egoismo per la propria famiglia,
senza l'egoismo per i propri interessi economici,
senza l'egoismo che ogni giorno pratichiamo,
non ci sarebbero sviluppo e progresso.
Diffidate dei buoni samaritani
che dicono di agire per il bene comune.
Sono spesso degli impostori.
Autocit.

Il ricatto buonista

Essere a favore dell'accoglienza di masse di immigrati giunti clandestinamente sul nostro territorio va di moda da parecchi anni e ti ammanta di un'aura di santità. Proclamarsi a favore dell'arrivo di frotte di uomini, donne e bambini dall'Africa nera, come dal Medio Oriente o dall'Asia, ti consente immediatamente di far parte di quella cerchia di persone intoccabili, moralmente superiori e piene di impeti umanitari. Oggi, infatti, sono tutti a favore dell'immigrazione e tutti dicono: «C'è bisogno di migranti». E devi esserlo anche tu, per forza, perché così ti accolgono nel girone dei buoni. Viceversa, se osi mettere in dubbio il dogma dell'accoglienza indiscriminata di chiunque, passi subito nel girone dei cattivi, o peggio, vieni considerato e incasellato come razzista e anche fascista. Nello stesso modo sprezzante vieni dipinto quando affermi che è follia accogliere anche una sola persona priva di documenti. Sappiamo come funziona. Loro, i buonisti, quelli che si autoproclamano civili e umanitari, ti sbattono sempre davanti agli occhi quelle immagini drammatiche di bambini morti annegati per farti sentire in colpa, accusandoti di essere un mostro. «Ecco, la colpa è tua» urlano «perché non hai salvato la vita a un essere umano così piccolo? È finito in fondo al mare a causa della tua indifferenza, tu sei ricco e loro sono poveri!» Questo è il ricatto, un ricatto cui siamo sottoposti da anni.

A Lampedusa, allo scopo di ricordarci quanto siamo colpevoli noi cittadini occidentali, bianchi, ricchi ed egoisti e il fatto che sarebbe dunque opportuno pentirci delle nostre azioni e omissioni, hanno persino eretto un monumento ai caduti in mare. Il mantra è sempre lo stesso: «Avremmo potuto fare di più, dobbiamo fare di più, siamo noi i colpevoli».

Ma di cosa, esattamente? Voi lo avete capito? Alla fine, a sentire gli sponsor dell'immigrazione, ci dovremmo sentire responsabili di essere nati e cresciuti in questa parte del mondo, e dunque anche privilegiati, opulenti, sempre in attesa dell'uscita sul mercato del prossimo iPhone, mentre dall'altra parte del mare c'è chi attende un barchino per scappare da fame, guerra, siccità, cambiamento climatico, desertificazione, carestie, denutrizione, malattie, assenza di lavoro, miseria.

E voi, voi che state leggendo queste righe, vi sentite davvero responsabili della sofferenza di chi sta in

Africa? Io, onestamente, no. E bisognerebbe gridarlo con forza: «Non mi sento colpevole, non sono colpevole, non sono per niente colpevole di essere italiano e occidentale».

Accogliamo tutti

E poi, diciamo la verità, accogliamo tutti. Ma proprio tutti. A braccia aperte, facendoci serenamente prendere per i fondelli. Puoi raccontare qualsiasi cosa e ti fanno entrare, ovviamente con la complicità di avvocati, associazioni, politici. Se non ci credete, se siete scettici, vi faccio qualche esempio. Noi accogliamo persone perché sostengono di avere sofferto le conseguenze del cambiamento climatico: se sei vittima di un evento estremo, allora puoi trovare sul nostro territorio pace e serenità; già da anni i giudici hanno creato una nuova tipologia di essere umano, il rifugiato ambientale: in un'ordinanza c'è scritto nero su bianco che ogni individuo ha diritto «a un livello di vita adeguato per sé e per la propria famiglia, che includa un'alimentazione, un vestiario, un alloggio adeguati, nonché il miglioramento continuo delle proprie condizioni di vita». Principio che, in teoria, può essere applicato a milioni di persone, creando un caos ingestibile. Per esempio, venne accolto un cittadino del Bangladesh che aveva dichiarato di essersi irrimediabilmente indebitato dopo aver perso il suo terreno agricolo a causa di un'alluvione. Le prove? Ah, saperlo. Intanto gli diamo la protezione umanitaria, poi si vede. Ma noi accogliamo anche chi scappa perché gay; è pieno zeppo di omosessuali che, grazie all'aiuto di associazioni italiane, riescono a spuntarla. Ora, per carità, ci sono Paesi dove l'omosessualità è un reato e i finocchi sono perseguitati e uccisi. Però resta la domanda: come si fa a capire se uno è gay o un truffatore? Che fai, gli metti un dito nel culo e vedi se gode? Se è maschio gli mettiamo di fronte Diletta Leotta per capire se gli si drizza l'uccello? E se è bisex? Che facciamo? Lo accogliamo lo stesso, oppure lo accogliamo a tempo determinato? Ma noi siamo buoni, accogliamo tutti. Pure chi fugge perché ha paura dello spirito maligno. Vi giuro, è successo sul serio. Un giudice ha concesso l'asilo a un nigeriano in fuga dalla famiglia che voleva diventasse uno stregone, uno sciamano, ereditando così il mestiere del padre. Costui, di ricorso in ricorso, alla fine ce l'ha fatta: un tribunale ha deciso che sì, la sua vita sarebbe stata fortemente compromessa a causa della paura che egli aveva dello spirito malvagio, del maleficio che gli era stato lanciato. Come abbiano fatto i magistrati a indagare sulle tradizioni nigeriane non è dato sapere, ma di fatto qui da noi c'è gente che farebbe carte false pur di continuare l'attività familiare. Sei figlio d'arte e che fai? Scappi? Ma fai sto lavoro e non rompere i coglioni! Però noi siamo buoni, e prendiamo tutti. C'è uno che è scappato da una banda di cercatori d'oro: a causa delle deformazioni delle sue mani era considerato perfetto per essere impiegato in quell'attività. Invece niente, non gradiva la posizione. Ma dai, ragazzi, come si fa a dire che siamo cattivi e razzisti? A me sta bene tutto, basta che finisca questa storia. Ci accogliamo tutti i reietti del mondo, a vantaggio soprattutto di chi con l'accoglienza ci fa i soldi. Ma non ce lo possiamo permettere. Non possiamo farci carico dei mali dell'umanità, delle guerre, degli animali che muoiono, delle foreste che scompaiono, dei deserti che avanzano, pure delle lotte tra le tribù; non può essere un mio problema se in Congo si scannano, non sono tenuto a farmene carico. Questo si chiama sano e normale egoismo, non bisogna vergognarsene: quello che ci siamo guadagnati ce lo vogliamo tenere stretto, senza dividerlo con nessuno, se non con chi vogliamo noi.

W i confini

Spesso vado in tv, lo sapete. E sono collocato nella casella di quelli di destra. Nei talk funziona così; è una grande commedia, un teatro, spesso dell'assurdo. Uno da una parte, uno dall'altra, poco spazio per le vie di mezzo. Seduto sulla poltrona bianca di uno studio televisivo, mi sono trovato più volte a esporre un concetto molto semplice, che comprendo sia poco sofisticato, ma è l'unico che la mia onestà intellettuale mi consente di fare. E che, in verità, non è né di sinistra né di destra. Soltanto gli stolti sprecano tempo e neuroni nel determinare inutili classificazioni ideologiche, incasellano le persone dentro un recinto per marchiarle come fossero bovini. Lo so, mi accuserete di essere un demagogo, un populista, un semplificatore, uno di quelli che ignora la complessità. E infatti quelli bravi, gli intellettuali, coloro i quali vivono nei quartieri bene e nelle case dove il massimo del nero che vedono è quello della tv a schermo piatto quando si spegne, ecco, costoro ti spiegano che le cose sono complicate da risolvere, che i fenomeni migratori ci sono sempre stati, che non si può fare proprio niente per fermarli, dunque ci resta solo la rassegnazione. Essi non risolvono mai nulla.

Sarebbe il caso, tuttavia, di applicare una regola elementare, che viene osservata ovunque nel globo: possono varcare le nostre frontiere e insediarsi in Italia soltanto quei cittadini extracomunitari che siano muniti di documenti di riconoscimento, che abbiano titolo a soggiornare e permanere, e di conseguenza che siano in grado di provvedere a loro stessi, ovvero di mantenersi, attraverso lo svolgimento di un lavoro. In soldoni: nome, cognome, impiego, altrimenti non puoi nemmeno avvicinarti. Per quale dannata ragione questo vale per tutti gli altri Stati della comunità internazionale meno che in Italia? Quell'Italia, la quale, che vi piaccia o meno, è e resta pur sempre la nostra terra, il nostro Paese, la nostra patria, sebbene «patria», oggi, sia ritenuta una parolaccia, il termine «patriota» un insulto. Oggigiorno, però, la corrente radical chic – i cosiddetti «comunisti col Rolex» – dice che i confini non esistono, tranne, ovviamente, quelli delle loro case inaccessibili. Io sono invece un fan dei cari, vecchi confini. Le nostre libertà sono protette proprio perché esistono i confini, che delimitano un territorio all'interno del quale si fa come decidiamo noi cittadini. Sono fottutamente a favore del filo spinato, delle torrette, dei cani da guardia, e non mi sento fuori dal mondo, non mi sento meno moderno, soprattutto non sono razzista.

Forza Australia

L'Italia, certo. Eppure vorrei come modello l'Australia, dove mica entrano cani e porci senza controllo alcuno. Mi obiettano: «Eh, ma quella è l'Australia, noi siamo in Europa». E allora? Se l'Australia fa una cosa che funziona, perché non possiamo adottarla?

Il buonismo un tanto al chilo a cosa ci ha portato? Alla disumanità. All'abominio. Ad ammassare nei centri di accoglienza centinaia di migliaia di esseri umani senza aver pensato minimamente al loro futuro, esseri umani che poi sono finiti sulla strada per fare posto ai nuovi arrivati, e che sul marciapiede campano come possono.

Il business dell'immigrazione clandestina e quello dell'accoglienza hanno portato ad arricchire lestofanti e profittatori. Nessun beneficio ne hanno tratto coloro che sono arrivati qui, e neppure gli italiani.

Allora, stando così le cose, per quale motivo non sognare, non chiedere e non pretendere di avere le frontiere chiuse ermeticamente?

E, dunque, *I have a dream*. Ma non un sogno inclusivo alla Martin Luther King. Il mio sogno ha un nome. Si chiama *Pacific Solution*, trattasi della civile via australiana al blocco dei migranti. Pacifico è l'oceano che ospita le isole a cui è destinato chiunque tenti di raggiungere l'Australia illegalmente, ma pacifico è anche un Paese che non permette sbarchi illegali.

Un modello di tolleranza zero, sì, tolleranza zero, che fu introdotto nel 2013. Ma non intendo annoiarvi con nomi, dati, dettagli. Quello che conta sono lo spirito, la filosofia, l'idea che c'è dietro: nessuno spazio all'empatia, al buonismo da quattro soldi, alla vana retorica moralistica, alla pseudoaccoglienza a tutti i costi.

Mentre noi, qui, nel prospero Occidente dell'emisfero settentrionale, ci emozioniamo quando approdano nei nostri porti i barconi con donne e bambini, loro, quelli dell'emisfero meridionale del globo, ne sono infastiditi. Donne e bambini? Nemmeno questi possono passare, per non far nascere false speranze. Un sistema senza dubbio più umano del nostro, che vende illusioni e disperazione fomentando per di più sentimenti di rabbia e odio.

Provateci, voi che vi ritenete migliori. Andate a dire agli australiani che sono dei nazisti perché respingono senza se e senza ma e ti fanno capire chiaramente che non sussiste alcuna chance di entrare se non si è in possesso di un regolare visto. Da quelle parti il concetto di accoglienza non esiste, non c'è una cooperativa, non c'è un centro sociale, non c'è una Ong pronta a prendersi cura dei clandestini, non ci sono Boldrini che tengano.

Sfidi la legge tentando di violare i confini di uno Stato sovrano? Benissimo. Le autorità australiane ti porteranno in un bel posticino, un centro di detenzione, una specie di prigione dove non ti chiedono cosa preferisci mangiare a colazione e cosa a pranzo e non ti danno la paghetta giornaliera. Insomma, lag giù non hai alcuna garanzia di essere trattato come vuoi tu, di godere di sigarette, telefonino, passeggiate e avvocati. Puoi strillare quanto ti pare, ma non proverà a soccorrerti nessun Fratoianni e neppure una Sardina qualsiasi.

La definirete forse cattiveria, cinismo, mancanza di umanità, e invece è sano realismo, è rendersi conto che non puoi sobbarcarti i mali del mondo. È una visione troppo cruenta? Può essere. Ma l'Australia ha fatto ricorso al pugno duro perché questa è l'unica via per impedire le morti in mare e gli sbarchi clandestini. Non ci sono alternative. O chiudi, o ti fai invadere. O fai rispettare i tuoi confini, o sei terra di nessuno, alla mercé di chiunque, luogo dove non vigono leggi né limiti e dove, quindi, predomina il caos.

No way

L'immigrazione illegale di massa, lasciata in gestione ai trafficanti, è un fenomeno criminale da combattere e non un'emergenza umanitaria. Eppure si continua a far leva sul sentimento di pietà, si punta a suscitare commozione, crisi di coscienza e lacrime, con l'obiettivo di mantenere porte, braccia, porti e portafogli spalancati. Molto più clemente sarebbe comunicare la verità ai disgraziati del mondo: qui non vi aspetta alcun *Eldorado*, ma solo sangue e merda. Il mio sogno è che l'Italia si svegli, che prima o poi prenda uno dei suoi generali, uno dei suoi migliori soldati, lo metta davanti a una telecamera e gli faccia pronunciare un discorso chiaro e senza fronzoli da diffondere ovunque, proprio come si è deciso di fare a Melbourne: «Se viaggi in barca senza visto, non potrai mai stabilirti in Australia. Le regole si applicano a tutti, famiglie, bambini, bambini non accompagnati, non ci sono eccezioni. Non credere alle menzogne dei trafficanti di persone, questi criminali ruberanno i tuoi soldi e metteranno a rischio la tua vita e quella della tua famiglia». Ancora: «Se metterai piede in Australia illegalmente, non avrai mai modo di diventare cittadino australiano». Non si può essere più diretti ed efficaci di così. Il titolo del discorso è già un programma: *No way*, che potremmo tradurre in italiano con un'espressione altrettanto eloquente e più ruvida, ossia «col cazzo», proprio così, «assolutamente impossibile per te entrare», perché è meglio essere disgustosamente irremovibili che disastrosamente umani.

Italia, casa nostra

Dalle nostre parti, invece, i progressisti hanno trasformato l'immigrazione nel nuovo Vangelo e si sono innamorati dei clandestini; i comunisti di una volta avevano a cuore la sicurezza della gente comune, pretendevano l'ordine, mentre i loro eredi sono fissati con l'inclusione, si sono messi in testa che dobbiamo accogliere tutti perché sono risorse indispensabili per il futuro. Io, al contrario, immagino il Paese come casa mia, una grande abitazione, la nostra, la vostra. Ora, se uno bussa alla porta e non sapete chi è, lo fate entrare? Se vi citofonano durante la notte, fate accomodare gli sconosciuti in salotto? A meno che non siate degli sconsiderati, se si dovesse presentare di fronte alla vostra dimora un signore di cui non conoscete l'identità, che insiste per accedere, qual è la vostra prima reazione? Immagino già la risposta: come minimo prendete il telefono e chiamate le forze dell'ordine. In sostanza: la decisione di accogliere è solo vostra, insindacabilmente. E allora, perché volete lasciarla a Luca Casarini e alle Ong che brulicano nel Mediterraneo? Volete che sia Carola Rackete a decidere se un nigeriano, uno sconosciuto africano, o un siriano venga a dormire nel vostro letto senza il vostro consenso? Pensate davvero che debba essere Aboubakar Soumahoro, insieme alla sua famiglia, a stabilire se uno ha il diritto di varcare i confini e fare la doccia nel vostro bagno? Io no, se posso, vorrei non dividere il cesso con nessuno a meno che non sia io a volerlo; e non mi sento per questo meno umano, non mi sento dalla parte sbagliata della Storia, non posso essere considerato un pezzo di merda cinico. Vi faccio un discorsetto semplice semplice, che però ci mette di fronte alla realtà: siete disponibili a spartire il vostro benessere con degli sconosciuti? Rispondetemi sinceramente: siete pronti a concedere anche solo una piccola parte di quello che avete conquistato con anni di lavoro e fatica, per offrirlo a gente di cui non sapete nulla? La risposta è no, ve lo dico io. Non sentitevi delle carogne. Vi confesso: personalmente sarei anche pronto a donare, ma voglio avere la libertà di decidere quando e con chi condividere la mia ricchezza.

Al Vaticano piace nero

La verità è che questa insistenza sull'immigrazione è solo un modo per sostenere enormi interessi. C'è tutto il sistema dell'accoglienza, le Ong di tutti i colori, le cooperative, gli avvocati, gli appalti, insomma, cose che già sapete. In soldoni, è sempre la solita storia: fanno i buoni, gli umanitari, ma incassano. Come ebbe a dire una volta Salvatore Buzzi, re delle coop romane, protagonista dell'inchiesta Mafia Capitale, «con gli immigrati si fanno molti più soldi che con la droga». Ma non ci sono solo i progressisti. A pretendere le porte aperte c'è anche il Vaticano. Ecco, io impazzisco col Vaticano. Da quando si è insediato Bergoglio non passa giorno che non ci siano appelli a favore dell'accoglienza, anzi, al dovere dell'accoglienza, che a sentire il pontefice è divenuto un vero e proprio obbligo. Papa Francesco si è recato persino a Lampedusa, suolo italiano, per avvertire i buoni cristiani che i migranti vanno accolti e protetti. La sinistra globalista va in brodo di giuggiole quando il papa attacca gli Stati che chiudono i porti, proteggono le frontiere ed esercitano la sovranità sul proprio territorio, salvo poi ignorarlo se lo stesso papa si schiera contro l'aborto o le unioni gay. Insomma, Francesco è osannato soltanto quando sostiene che bisogna abbracciare gli immigrati, che è giusto accoglierli, che sono addirittura dei «doni», così li ha definiti un giorno. Uno dei suoi uomini una volta ha affermato che «chi non ha casa, chi ha perduto ogni cosa, deve suo malgrado migrare e deve essere accolto». Per quanto riguarda noi, «dobbiamo metterci sempre nei panni degli altri». E ancora: «Quello all'emigrazione era un diritto garantito per tutti gli uomini, prima che sorgessero muri e nascessero paure, tanto più per chi scappa da guerra, violenza o fame». Un vero e proprio programma: immigrati senza frontiere e accoglienza indiscriminata in nome della pietà. Ma va sempre ricordato cosa è il Vaticano: uno Stato straniero, che però attraverso le sue più alte cariche vuole impartirci lezioni su cosa fare e cosa non fare, vuole indicarci la retta via da seguire, cosa è giusto e cosa è sbagliato, uno Stato che vorrebbe un globo senza barriere, ma che i suoi confini protegge gelosamente, eccome. Provate a varcare illegalmente le mura vaticane proclamandovi un rifugiato politico oppure un perseguitato. Provate, su, poi mi raccontate il trattamento che vi hanno riservato le guardie svizzere. Il Vaticano, che elegge ancora il suo capo grazie – ciò assicurano – all'intervento dello Spirito Santo, e costui, vestito spesso con una tunica bianca, resta in carica tutta la vita, financo morente come accadeva ai leader sovietici e come succede in Corea del Nord e in altri Stati dittatoriali, lo stesso Vaticano che per secoli ha coperto centinaia se non migliaia di preti pedofili, dicevo, proprio il Vaticano vorrebbe insegnarci qualcosa su democrazia e umanità. E noi siamo lì, a pendere dalle labbra del papa, ne siamo profondamente condizionati, tanto che se osi esprimere anche una piccola critica, vieni guardato con disprezzo, come avessi appena bestemmiato.

Brigata Luttwak

Ma il mio Dio non si chiama Francesco e non è quel Bergoglio che fa l'umanitario con i confini degli altri. Al *volemose bene* del papa preferisco di gran lunga il pragmatismo del professor Edward Luttwak, il perfido politologo e uomo d'affari americano, il quale una volta mi disse alla radio, nel suo meraviglioso italiano che qui possiamo immaginare: «Il papa sul territorio italiano benedice l'arrivo illegale di immigrati illegali che giungono per via di delinquenti i quali li mettono a bordo di imbarcazioni pericolose, e poi in modo criminale li spingono verso le coste italiane. E il papa dà la sua benedizione, santificando questi atti e questi spietati affaristi. E delle norme, della legalità, certo, chi se ne infischia! Se uno vuole essere veramente umanitario, deve impedire che quei migranti partano. Occorre che la Marina di un grande Stato, quale è l'Italia, distrugga i barconi vuoti, quindi prima che prendano il largo, facendoli saltare in aria con l'esplosivo». In un'altra occasione, mi regalò quest'altra perla: «In Italia il papa è sempre più importante del presidente del Consiglio, il che è uno dei problemi italiani. In America l'idea che il papa abbia importanza politica è completamente folle. In Italia c'è la maggioranza dei cittadini che dice che non vuole più sbarchi di immigrati in Sicilia, mentre il pontefice dice di volerli. E chi vince? Il papa. Il posto giusto per il Vaticano è una città stupenda: Avignone. In Francia il governo non divide la sovranità. Il papa non deve parlare di *ius soli*, si occupi del territorio del Vaticano. Lui invece parla di territorio italiano, sul quale non ha diritto di parlare perché non è un cittadino italiano». Quanto amo quest'uomo! Ecco, un Paese con le palle, uno Stato sovrano, questo dovrebbe fare fino in fondo: esercitare il sacrosanto controllo sui propri confini, senza vincoli. Altro che cardinali, sottane e papi!

La vittima perfetta

Nel 2019, un tribunale tedesco assolse un siriano responsabile di avere abusato di un'assistente sociale perché «non è in grado di capire che nella nostra società i rapporti tra uomo e donna non sono basati sulla forza». In Italia, qualche anno prima, un avvocato (donna) del Comitato pari opportunità della Corte d'Appello di Salerno, dichiarò: «Non possiamo pretendere che un africano sappia che in Italia, su una spiaggia, non si può violentare, probabilmente non conosce questa regola». A Perugia, nel 2021, un pubblico ministero chiese l'assoluzione di un uomo di origine marocchina denunciato dalla moglie, la quale, oltre a essere obbligata a non parlare italiano e a non uscire di casa, sarebbe stata costretta a indossare il velo islamico. Per il magistrato tale condotta sarebbe rientrata, «pur non condivisibile in ottica occidentale, nel quadro culturale dei soggetti interessati». Nel settembre del 2023, un pubblico ministero bresciano chiese anche lui l'assoluzione di un bengalese accusato di maltrattamenti in famiglia, perché la violenza esercitata dall'accusato sarebbe stata «un portato della sua cultura e non della sua volontà di annichilire e svilire la coniuge». Ma per quale dannata ragione il migrante viene tanto protetto? Semplice: egli incarna la vittima per eccellenza e la nostra cultura esalta la vittima. Si tratta appunto della cultura della vittimizzazione che ormai dilaga in tutto l'Occidente. Oggi la vittima è il nuovo eroe, un antieroe che piagnucola, che si lagna, un essere umano sofferente, discriminato e maltrattato che si compiace della sua debolezza. Del resto, oggigiorno, se non hai un trauma non sei nessuno. Gli attori e i vip appena hanno una malattia vanno a raccontarlo a tv e giornali. Se hanno il cancro, tutta la gente li applaude, come se fosse un merito. Non ci sono interviste senza confessioni di un vizio da cui si è guariti, un dolore per cui farsi compatire.

L'immigrato è la vittima perfetta. Non puoi chiamarlo «clandestino», lo abbiamo già detto, nemmeno quando clandestino lo è per davvero, altrimenti sono guai. Devi definirlo «migrante», perché il migrante è appunto colui che migra, che si sposta in cerca di una vita migliore, è una figura bella, che non si può criticare, bensì soltanto ammirare. E poi i migranti fanno viaggi pericolosi, stanno nei lager in Libia, soffrono, sono poveri. Sono sempre e soltanto vittime degli occidentali cattivi. Magari a casa loro fanno delle guerre terribili o dei genocidi, tuttavia, appena arrivano dalle nostre parti diventano martiri, quindi nuovi eroi. L'extracomunitario deve la sua condizione di miseria e disperazione all'uomo bianco, al colonialista che andò in Africa o in Oriente a depredare le sue risorse. Abbiamo la vittima perfetta e il colpevole già condannato, noi. Per redimerci e mondarci da questa colpa atavica dobbiamo di conseguenza accogliere tutti, dare un tetto a tutti, provvedere a tutti, sistemare tutti, anche se questo poi provoca caos e tragedie sul territorio. Ma la cultura della vittimizzazione dell'immigrato non ci rende più civili, più umani, non ci spalanca le porte del Paradiso. Al contrario, diventiamo più incivili, ci imbarbariamo. La fotografia dell'Italia è questa: i trafficanti di uomini che decidono le partenze e gli sbarchi; le Ong che aiutano gli immigrati a raggiungere la costa; esseri umani ammassati a Lampedusa in condizioni indegne; decine di migliaia di persone che commettono reati perché non trovano lavoro o perché erano dei criminali anche prima; tempi di espulsione dal nostro Paese lunghissimi. Ecco, tutto questo, cosa contiene di misericordioso, pio, benevolo e giusto? Niente, ma se lo dici, passi per razzista e disumano. Ho tutto il diritto di non volere gli immigrati, ma il nostro unico dovere, inderogabile, è spalancare le braccia, senza fiatare. Il politicamente corretto ti ricatta così. Se ti opponi, anche per l'interesse di quelle persone, per non farle morire di fame all'angolo della strada in Italia, per non consegnarle agli spacciatori di droga, sei fottuto e gettato negli inferi. Sei un fascista.

Tutto è fascismo

Il fascismo è un'altra grande mania dei nostri tempi. Se ne parla di continuo, dovunque. La sinistra ne è ossessionata, ormai anche per entrare in un cesso pubblico devi dichiarare che sei antifascista. Alcuni Comuni italiani hanno approvato delle delibere per riservare l'affitto delle sale di pertinenza comunale a chi firma una «dichiarazione di antifascismo». Se ci pensate bene, pretendere questa dichiarazione è la cosa più illiberale che ci sia: obbligare qualcuno a dire come la pensa, obbligare una persona a rivelare il suo pensiero, la sua identità. Una roba fascistissima. Il fascismo non c'è più dal 1945, ma siamo ancora lì a ciarlarne senza tregua. «Fascista» ormai è una parola priva di senso, perché sono tutti fascisti. Lo abbiamo visto: se sei contro l'immigrazione di massa, sei fascista; se ti batti contro i bagni gender, sei un fascista; se non dai sempre ragione alle femministe, sei un fascista; se non ti vuoi vaccinare, sei un fascista. Sono fascisti i partiti di destra, mentre i centri sociali sono fascisti rossi. Sono fascisti gli israeliani, ma sono fascisti anche gli islamici. Fascismo è un termine elastico, ormai, un contenitore buono per ogni contenuto. Si dà del fascista a qualcuno per screditarlo, per zittirlo, per impedirgli di esprimere un'opinione che contraddica quella comunemente accettata. E se ci pensate, è un bel paradosso. Il fascismo è stato una dittatura, sotto il fascismo non c'era libertà di stampa né di opinione. Dunque un antifascista, in teoria, dovrebbe essere uno che difende la libertà di pensiero. E invece no. Oggi i presunti antifascisti sono i primi a chiedere la censura, e persino la galera, per chi non condivide le loro idee.

Ma c'è di più. Parlare oggi di fascismo è assolutamente ridicolo. Sapete quanto prendono di solito alle elezioni i partiti di estrema destra, quelli apertamente nostalgici? Cifre irrisorie, nulla di paragonabile a quello che avviene in Germania. E poi, sapete cosa mi fa girare le balle? Che se ci fosse davvero il fascismo, tutti questi «antifa» di oggi sarebbero appecoronati. Basta guardare come si comportano già adesso: non appena c'è un'imposizione che viene dall'alto, sono tutti pronti a obbedire. Mario Draghi era omaggiato come fosse un sovrano assoluto, guai a criticarlo, fargli domande o metterlo in discussione: era il Verbo. Ricordate il green pass? O l'obbligo del vaccino per certe fasce di età? Chi non si adeguava, in nome della salvezza della patria, veniva considerato un traditore, non meritava di lavorare, né di stare a contatto con gli altri: perdeva la qualità di essere umano, era feccia, scarto.

Contro l'ambientalismo

«Ricordati che devi morire! Ricordati che devi morire!»
«Come?»
«Ricordati che devi morire!»
«Va bene.»
«Ricordati che devi morire!»
«Sì, sì, mò me lo segno, c'ho una cosa…
non vi preoccupate.»

Massimo Troisi e un predicatore,
in *Non ci resta che piangere*

La nuova religione

Una volta c'era il comunismo, ovvero la salvezza dei popoli, la fine delle disuguaglianze, il miraggio di un mondo più giusto, la scomparsa del bisogno e della povertà: il «Sol dell'Avvenire». Poi il comunismo è morto ed è stato sepolto, e al suo posto è arrivato e si è diffuso il consumismo, seguito dalla religione del cellulare e dei social network, che danno l'illusione e fomentano la frenesia di arrivare a tutto e a tutti, abbattendo barriere temporali e spaziali. È quello che stiamo vivendo.

Tuttavia, mentre ciò accadeva, una nuova religione si è fatta avanti, coi suoi dogmi, le sue regole, le sue preghiere, i suoi discepoli, i suoi predicatori e persino i suoi papi: la religione dell'ambientalismo.

Non si tratta soltanto di un movimento, bensì di una vera e propria lobby, quasi una setta: se non ne fai parte, se non fai un atto di fede, se non aderisci ai suoi comandamenti, allora sei automaticamente un reietto; o ti pieghi al loro credo, oppure sei considerato disumano, fuori dalla civiltà, un porco inquinatore, uno che non guarda in faccia la realtà, che immancabilmente è come la descrivono loro, quelli giusti, quelli puri, quelli senza macchia, coloro che vogliono un mondo green.

Per entrare a fare parte del club che conta, ed essere di conseguenza accettati in società, ciascuno di noi ha bisogno di una rieducazione, l'uomo bianco occidentale in particolare, consumista e sfruttatore di risorse. Oggi la parolina magica è «sostenibilità»: tutto deve essere sostenibile, lo stile di vita, un'azienda, le università, il cibo, la casa, il tempo libero. Ovunque ci giriamo, troviamo scritto: sostenibile. In un magnifico pamphlet, il fisico e comico tedesco Vince Ebert sostiene che «nella società consumistica occidentale non c'è niente di più pubblicizzato dei prodotti eco, bio e verdi. Ogni fermaporta è gluten free ed equo e solidale, ogni macchina da caffè è a impatto zero. In pratica, non c'è formaggio spalmabile, fondo d'investimento o crema per i piedi che non sia in qualche modo sostenibile. I supermercati vendono verdure biologiche, le compagnie aeree pubblicano riviste di bordo su carta riciclata che pubblicizzano a loro volta borse vegane». Ogni oggetto è certificato come compatibile con la nuova religione verde, altrimenti rischia di essere emarginato insieme ai suoi produttori e buttato fuori dal mercato. Nonostante questo, ci raccontano che siamo sempre in emergenza. Ma non vi sentite solennemente presi in giro?

Martellamento green

Siamo martellati dalla mattina alla sera, sottoposti a un terrorismo mediatico continuo: dobbiamo salvare il pianeta, ogni nostro gesto può essere utile. Fino a poco tempo fa bastava poco, era sufficiente non tirare un sacchetto dell'immondizia fuori dalla finestra, fare una donazione a Legambiente, oppure non scaricare il cambio dell'olio in una riserva naturale, scrive Ebert. Oggi è tutto cambiato e la nostra coscienza è sempre più sporca. Se usi un sacchetto di plastica devi guardarti intorno come fossi un mezzo criminale. Il televisore? Mai lasciarlo acceso, si consuma troppo e il pianeta potrebbe risentirne. Lo sciacquone del cesso deve essere ecologico, perché altrimenti sprechiamo acqua, ci potrebbero essere contraccolpi in Burkina Faso, e comunque per rispetto degli altri non si deve fare. Il terrore diffuso *urbi et orbi* non ha freni, tutto viene considerato potenzialmente pericoloso per la nostra vita e per quella futura del globo terracqueo. Persino i jeans sono negativi per l'ambiente, lo sapevate? I giornali e i siti ci raccontano preoccupati che nuovi studi hanno dimostrato che indossarli equivale a guidare una macchina per dieci chilometri. E che per produrne un paio ci vogliono almeno diecimila litri d'acqua, un impatto ambientale che non possiamo permetterci. Persino le palline da tennis vanno modificate, cambiate, monitorate attentamente, essendo l'espansione delle piantagioni di gomma tra le cause principali della deforestazione e della perdita di biodiversità nel Sudest asiatico. Dunque, anche le palline gialle devono diventare verdi, avvertono gli ecologisti. Una delle prime regole della nuova religione è che devi amare per forza la natura e tutto quello che proviene dalla natura medesima. Senza discutere. Natura è bello, natura è salvezza: anche se, come sappiamo, essa è terribile, e senza l'uomo sarebbe un disastro completo. E poi, ovviamente, bisogna diventare più poveri, perché la ricchezza equivale allo spreco e comporta la depauperazione del pianeta. Occorre viaggiare meno e senza aereo, che consuma troppo, spostarsi in bicicletta o a piedi, soffrire d'estate il caldo e d'inverno il freddo, in quanto quegli strumenti che l'uomo ha inventato per migliorare la qualità della sua vita, come il condizionatore e il termosifone, oddio, richiedono energia, dunque inquinano. È opportuno buttare la macchina a diesel, che fa di te una pessima persona. Vorresti forse tenerla? Stai scherzando? Il naftone è segno di barbarie, solamente l'elettrico può renderti candido e virtuoso, smacchiandoti dalla sporcizia che ogni giorno la CO_2 ti porta in faccia, zozzeria che ti invade il sangue e ti penetra carni e ossa. Soprattutto, è molto apprezzato affermare che il riscaldamento globale è colpa dell'uomo, altrimenti non puoi nemmeno sederti a tavola per mangiare, non saresti un ospite gradito. Per mangiare poi cosa? Non quello che causa il suddetto riscaldamento globale: meno carne possibile, quindi, e in futuro basta chianina, o almeno quella che viene dalle vacche. Va bene solo quella coltivata, artificiale, la bistecca sintetica, tanto per intenderci. Meno pericolosa, più sostenibile, meno cruenta, quella che ci salverà dalle malattie, dalle inondazioni e dalle catastrofi. Ora, a questi ambientalisti dico una sola cosa: fatevene una ragione, esistiamo, respiriamo, ci muoviamo, e dunque inquiniamo.

Ultima Degenerazione

E poi guardateli in faccia questi ambientalisti di oggi. Sempre allarmati, preoccupati, incazzati, come se da un momento all'altro il mondo dovesse finire. Ecco, se c'è un prototipo di persone che non sopporto, gli arrogantelli di una setta chiamata Ultima Generazione occupano certamente un posto privilegiato. Ho ribattezzato questo movimento «Ultima Degenerazione», a sottolineare la totale degenerazione dei loro cervelli. Per chi non li conoscesse, costoro sostengono che l'uomo è l'unico responsabile del cosiddetto cambiamento climatico e non vogliono sentire ragioni: o cambiamo stile di vita, rinunciando al benessere che ci siamo faticosamente conquistati, oppure il globo sprofonderà nel disastro, i mari esonderanno, terremoti e alluvioni ci seppelliranno. Anzi, lo stanno già facendo: qualsiasi tragedia avvenga sul suolo nazionale e non solo, questi signori ne addebitano la responsabilità al clima mutato e, di conseguenza, all'essere umano. Per mettersi in mostra, allo scopo di divulgare il loro credo, questi veri e propri teppisti verdi imbrattano monumenti e palazzi, fanno irruzione nei musei e colpiscono le opere d'arte, riempiono di vernice gli edifici istituzionali, occupano le strade, e lo fanno per essere ascoltati, ma soprattutto per essere invitati nelle televisioni e presenti nei talk show; si sentono come dei nuovi missionari, con l'obiettivo di informare la popolazione ignava che se non si rinuncia a utilizzare i combustibili fossili, allora il pianeta Terra verrà travolto dalla mefitica CO_2. Avendo evidentemente moltissimo tempo a disposizione, si esercitano a rompere le scatole al prossimo, uscendone quasi sempre impuniti, perché coccolati e adorati dalla sinistra nostrana e persino da qualche magistrato. Come dimenticare una recente sentenza di un tribunale, quello di Bologna, che ha condannato tre attivisti per avere bloccato la tangenziale per oltre un'ora (violenza privata, interruzione di pubblico servizio, danneggiamento e manifestazione non autorizzata), ma – udite, udite – ha concesso le attenuanti perché avrebbero agito «per motivi morali». Ora, immaginate se l'autore di questo libro in un momento di impazzimento occupasse i binari della stazione di Milano per protestare contro l'aumento degli episodi di violenza in città. Secondo voi, cosa accadrebbe? Giustamente i viaggiatori e i pendolari mi prenderebbero a pernacchie, se non addirittura a ceffoni, e i giudici non avrebbero alcuna pietà. Di questo possiamo essere non certi, certissimi.

Teppisti verdi

Gli esponenti di questo gruppo ce l'hanno un po' con tutti, dunque anche col sottoscritto, tanto da avere interrotto uno spettacolo teatrale che aveva come soggetto proprio il libro che avete tra le mani. Un'occupazione del palco e della sala durati quasi venti minuti, ma significativi del tipo di mentalità che hanno questi tizi: violare la libertà degli altri per affermare le proprie ragioni. Ce l'hanno con me, e li capisco; non li venero, non li tratto con i guanti bianchi come fanno molti progressisti. Loro citano gli scienziati come fosse l'unico verbo, e come se la scienza non ammettesse dubbi, mentre io li prendo per i fondelli, critico il loro fondamentalismo, li mando letteralmente a quel paese, soprattutto quando si sdraiano lungo autostrade e tangenziali a rompere i coglioni alla gente che lavora. Lo scopo di simili blitz è, infatti, provocare la reazione dei malcapitati, spesso gente che ha fretta di recarsi sul luogo di lavoro, e successivamente ergersi a vittima delle violenze degli automobilisti stessi, terribilmente esasperati. Adesso, ditemi la verità. Chi non ha avuto la tentazione di fare come quei camionisti che hanno afferrato con le mani o investito i militanti? Io sono un pacifista, uno che non ama menare le mani. Sapete benissimo qual è il mio motto, vero? Il massimo della violenza verbale e nessuna violenza fisica, perché è quello che cercano. Però lo devo dire: quando ho visto certe scene, con gli attivisti presi a pedate nel sedere e trascinati via di peso, confesso di avere goduto come un riccio. Lo ammetto, e non credo per questo di essere una cattiva persona.

Vasectomia climatica

La cosa che mi fa più incazzare è che questi nuovi ambientalisti pensano di avere la verità in tasca e ti trattano da troglodita, sostenendo che più del novanta per cento degli scienziati ha messo la parola fine a ogni discussione: l'uomo è il principale responsabile dei cambiamenti climatici del pianeta, e l'aumento delle temperature è dovuto all'anidride carbonica emessa dalle attività umane. L'origine antropica del riscaldamento globale sarebbe dunque incontrovertibile. Una *fake news* colossale, diffusa proprio da quelli che dicono di combattere ogni giorno le stesse *fake news*. Questi nuovi paladini green vivono praticamente tutti in Occidente, con le comodità che l'Occidente corrotto e malato ha regalato loro, ma odiano chi li ha resi privilegiati; una sindrome classica, come quella dei figli dei ricchi che fanno finta di fare i barboni: sarebbero da prendere a schiaffi, sempre virtuali. Sono arrivato alla conclusione che non sopportano gli esseri umani. Molti di loro, infatti, sostengono che non devono nascere troppi bambini, perché inquinano: emettono troppa CO_2. Pensate che stia scherzando? Manco per niente. Si chiama «vasectomia climatica», ed è appunto una corrente di pensiero, chiamiamola così, che ha come suo cardine la scelta di non avere figli per salvare l'ambiente. Peccato che, se tutti dovessero applicarla, resterebbero solo magnifici boschi, fiumi limpidi, montagne incontaminate e splendidi animali, ma senza più esseri umani: a cosa servirebbe il pianeta? Non ci crederete, ma ci sono migliaia di persone con il cervello bacato che hanno veramente deciso di sterilizzarsi per i timori dell'emergenza climatica: un medico australiano sostiene di avere bloccato gli spermatozoi di un centinaio di persone, tutte profondamente angosciate per le sorti del mondo. Per chi non lo sapesse, si tratta di farsi tagliare e bloccare i cosiddetti «dotti referenti», si chiamano così, che trasportano lo sperma dai testicoli. Un imbecille, in America, lo fece subito dopo l'elezione di Donald Trump, perché pensava che il mondo a quel punto sarebbe sprofondato nel disastro generale. E allora zac, via un pezzo di scroto. Però bisognerebbe avvertire questi geni che la vasectomia risulta efficace solo dopo un certo numero di eiaculazioni, circa trenta: nel frattempo, gli spermatozoi restano fertili. Pensate che beffa: spendi qualche migliaio di euro di ospedale, ti fai tagliare i testicoli, e nonostante questo metti al mondo un bambino in un pianeta ancora popolato da uno stronzo cinico come me. Che fregatura.

Ecoansia

Se esistono persone così, non possiamo stupirci di quelli che affermano di avere l'ecoansia, cioè di essere angosciati dai futuri disastri, dalla prossima fine del pianeta, dall'idea stessa di campare in un mondo che sta per crollare a causa dell'uomo. L'ecoansia, ragazzi, ma di cosa stiamo parlando? Una delle attiviste di «Ultima Degenerazione» mi ha detto una volta che non voleva avere figli, che aveva paura solo all'idea di partorire un bambino per timore della scomparsa della Terra, perché questo mondo le faceva paura. Non sapevo come prenderla, se chiamare un bravo medico, oppure affrontare sul serio la questione. I miei nonni, i miei trisavoli erano angosciati perché in campagna in Umbria non sapevano come mettere insieme il pranzo e la cena, e vivevano a pane e cicoria, ma sul serio. Coltivavano la terra e poi, a un certo punto, hanno mandato i figli a studiare a Roma, altri a Firenze, ed ecco che alla fine è arrivato il sottoscritto, che non ha mai toccato una zappa in vita sua. Sarebbero arrabbiati pure con me, per come mi procuro da vivere. Era gente riservata, che non avrebbe mai raccontato i fatti propri in pubblico come faccio io. Contadini umbri, di quelli spigolosi, arcigni, burberi, che immaginavano il mondo non oltre il duomo di Orvieto. Ma vi dico una cosa, anzi, di una cosa sono sicuro. Avrebbero avuto voglia di prendere a zappate in faccia (virtuali, ovviamente) questi ecologisti *de noantri*, quelli turbati dai ghiacciai che forse si sciolgono e forse no.

Molti sono rimasti colpiti, qualche anno fa, dalle immagini di un'attivista climatica – già il nome mi fa orrore, che cosa vuol dire «attivista climatica»? – in lacrime di fronte al ministro Pichetto Fratin. «Ho molta paura» diceva la ragazza «per il mio futuro, personalmente soffro di ecoansia, alle volte penso che non ho un futuro perché la mia Terra brucia, in questi giorni in Sicilia sta bruciando tutto; non so se voglio avere figli, sinceramente non lo so. Voi parlate di 2030, 2050, obiettivi che sento lontani, lei non ha paura per i suoi figli, per i suoi nipoti?». E giù pianti, anche di Pichetto, peraltro ministro di Forza Italia, trasformata in una succursale di Greenpeace. Ma come ci siamo ridotti così? Ma come siamo arrivati a questa ragazza che frigna in pubblico? A vent'anni non si sta male per le sorti del pianeta, no. Un vecchio saggio direbbe: «Andate a lavorare».

Greta e i suoi discepoli

Il peccato originale, l'inizio di questa ossessione verde, ha un nome e un cognome, e soprattutto un volto: quello di Greta Thunberg. Per un lungo periodo la nuova religione ambientalista ha avuto lei come unico, sommo profeta. Il che non è casuale: una ragazzina totalmente incolta, senza istruzione, dunque ingenua, un foglio bianco non macchiato dalle esperienze del passato, una sorta di messia piombato sulle nostre vite per portarci sulla retta via. Greta è colei che denuncia i peccati e invoca la redenzione, è l'apostolo, l'unto del Signore, colei che, stando alla madre, possiede il potere di vedere le nostre emissioni di CO_2, a occhio nudo. Greta è quella davanti alla quale i potenti del mondo si inginocchiano, mentre ella, con le sue trecciolinebionde, li deride e li fa sentire in colpa ogni giorno per un albero che muore, per uno tsunami, per un orso polare che perde pelo, per un ghiacciaio che non gela più come prima, per non avere ancora fatto questo e per avere invece fatto quest'altro. In una delle grandi e terribili rivoluzioni del secolo scorso, quella cambogiana dei khmer rossi, i prescelti, cioè i favoriti, erano appunto loro: ragazzini senza passato, che rappresentavano l'avanguardia, gli immacolati senza ombre, non intaccati dal progresso e dai suoi disastri. Anche la Thunberg ha questo aspetto lugubre, funereo, da annunciatrice dell'Apocalisse. È arrabbiata da quando è bambina, invece se c'è una cosa bella dei fanciulli è che sono felici, ridono e giocano. Lei è perennemente avvelenata, va in giro a dire che il mondo finirà presto, ma sono anni che scienziati, politici e ambientalisti più o meno noti annunciano il funerale prossimo venturo del pianeta. Per fortuna hanno sempre sbagliato previsione e il mondo sta meglio di prima; perché la verità è questa, cioè oggi si sta meglio di dieci, venti, trenta, quarant'anni fa e via discorrendo. Si muore di meno, si campa più a lungo, si mangia meglio e altre cose ancora. Ecco, Greta e gli ecologisti della generazione Thunberg ricordano un po' quei monaci millenaristi che annunciavano sempre la fine del mondo, come in un magnifico film di Massimo Troisi. «Ricordati che devi morire, ricordati che devi morire!» strillava il frate. E l'attore, affacciato a un balcone: «Sì, sì, mò me lo segno». Ecco, con questi funziona allo stesso modo; hanno proclamato così tante volte la deflagrazione finale, la rovina del genere umano, che uno ormai non ci fa più caso.

Catastrofisti

Gretina anni fa annunciò sicura: «Nel 2030 ci sarà una reazione a catena che potrebbe portare alla fine della civiltà umana». E tutti lì ad applaudire. A questo allarme, la comunità scientifica e l'opinione pubblica, nonché i governi di tutto il globo, devono piegarsi, nessuno ha il diritto di mettere in discussione tali parole, che vanno prese per oro colato. Anche il semplice fatto di sollevare un piccolo dubbio può costarti la perdita della credibilità e pure qualsiasi essenziale forma di rispetto. A cosa diavolo serve questo catastrofismo? A inculcare nelle nostre menti il convincimento che la fine del mondo è prossima, che a breve si verificherà qualche cataclisma, che l'annientamento collettivo è assodato, ma che forse possiamo ancora compiere qualcosa per evitarlo, e che è nostro dovere almeno tentare, ovvero fare tutto il possibile per salvarci. Non puoi ridere. Mi raccomando, non devi metterti a ridere. Perché rischi grosso. Chi nega l'Apocalisse è complice di chi sta cancellando il pianeta, punto. Vieni messo sullo stesso livello di un criminale. O con noi o contro di noi: se avete dubbi, siete nemici dell'umanità intera. Ma per ora, hanno fatto flop. Nel 1968, il biologo Paul Ehrlich, autore del bestseller *La bomba demografica* e – neanche a farlo apposta – personaggio molto influente nel Partito democratico statunitense, profetizzava la fine del mondo; era convinto che nel corso del decennio successivo non sarebbe più stato possibile sfamare l'umanità intera e, di conseguenza, centinaia di milioni di persone sarebbero letteralmente morte di fame. La ricetta per scamparla, secondo tale genio, poteva venire solo dalla sterilizzazione forzata delle donne che avevano superato una certa quota di figli. Quanto sono umani e democratici questi progressisti! Ovviamente, quello che lo scienziato immaginò, suscitando una sorta di psicosi di massa, non si è mai realizzato. Ma non è il solo ad aver fatto simili figure barbine. Alcuni sono arrivati a fissare date precise della fine del mondo. E siamo sempre sopravvissuti, nulla è mai accaduto. C'è chi garantiva che ci saremmo estinti nel 1975, chi assicurava che questo sarebbe avvenuto nel 1980, chi spostava l'appuntamento di qualche decennio, chi riteneva che piombo, zinco, oro e argento sarebbero spariti prima del 1990. E chi prevedeva che saremmo rimasti a corto di rame nel 2000. Un alto funzionario delle Nazioni Unite, nel 1982, avvertì che all'inizio del XXI secolo una catastrofe ambientale avrebbe causato una totale devastazione. Nel 1989, Noel Brown, direttore dell'ufficio di New York del programma ambientale dell'Onu, vaticinò: «Entro il 2000 intere nazioni potrebbero essere spazzate via dalla faccia della Terra a causa dell'innalzamento del livello del mare». Mai successo nulla del genere, ovviamente. Più o meno negli stessi anni, un professore dell'Università della California profetizzò che nel 2000 il mondo sarebbe stato più freddo di undici gradi. Altra boiata. Nel 2006, mentre promuoveva un film, il politico e ambientalista statunitense Al Gore proclamò che all'umanità mancavano soltanto dieci anni prima di raggiungere il punto di non ritorno, suggerendo scene di inondazioni a Manhattan e in Florida. Poi disse di essere stato mal interpretato; in ogni caso, superato il 2016, abbiamo tirato un sospiro di sollievo. Poi fu il turno di una deputata americana, molto osannata dal mondo liberal, Alexandria Ocasio-Cortez, la quale lanciò un altro allarme: «Il mondo finirà tra dodici anni se non affronteremo i cambiamenti climatici». Nel frattempo i dodici anni sono passati e siamo ancora qui. Nel 2007 l'Onu avvertì che il riscaldamento globale avrebbe ridotto la produzione agricola del Nord Africa del cinquanta per cento entro il 2020. Una panzana, ammessa pure dalle stesse Nazioni Unite. L'organismo internazionale ha chiesto scusa anche per aver affermato che i ghiacciai dell'Himalaya si stavano ritirando più velocemente che in qualsiasi altro luogo del pianeta, e che la probabilità che scomparissero entro il 2035 era molto alta.

Negazionisti!

Pur essendoci fior di scienziati che ridimensionano il ruolo delle attività umane nel surriscaldamento planetario, costoro vengono considerati come dei pazzi, se non addirittura foraggiati dalle multinazionali del petrolio. Se osi dire per esempio che l'alluvione in Emilia Romagna del 2023 non è colpa del *climate change* provocato dall'uomo cattivo, ma dell'incuria del territorio, diventi immediatamente un collaborazionista del male. Chiunque metta in dubbio la correlazione tra eventi naturali e attività dell'uomo, chiunque non attribuisca all'uomo la responsabilità di tutte le sciagure possibili, viene etichettato come «negazionista»: la peggiore delle infamie. Anche se ci sono premi Nobel a sollevare dei dubbi, non importa: scoppia un uragano? Colpa dell'uomo. Esonda un fiume? Colpa tua che metti ancora la benza in macchina. Per me sono dei disonesti. Io non sono uno scienziato e non studio queste cose. Ma osservo il modo di fare, l'atteggiamento di questi nuovi paladini dell'ambientalismo. Ti dicono: le cose stanno così perché lo dice la scienza, e se non ti adegui, è pronto il tribunale per rieducarti.

Infatti, come tutte le religioni fondamentaliste insegnano, gli eretici vanno puniti. E allora, ecco il verde Bonelli presentare una proposta di legge per introdurre il reato di «negazionismo climatico»; con il supporto di questo brillante argomento: se neghi l'esistenza di un incendio appena scoppiato, impedisci alla gente di salvarsi. E, ancora, leggiamo sul quotidiano *Domani* un filosofo, tal Gianfranco Pellegrino, sostenere pomposamente e seriosamente che il negazionismo climatico dovrebbe essere un reato, e che non è differente rispetto ad altri tipi di negazionismo, per esempio quello dell'Olocausto. Dunque, scrive costui, queste idee non possono essere difese in nome della libertà di opinione, e vanno punite. Per questo bisogna mettere a tacere, a colpi di sentenze, quelli che dissentono: sono pericolosi, provocano danni. L'emergenza giustifica ogni tipo di violazioni, ogni tipo di soprusi, come al tempo del Covid.

No bici

Vi siete mai chiesti per quale ragione queste teorie hanno tanto successo? L'essere umano attende da sempre la cosiddetta «Apocalisse». Determinati scenari disastrosi evidentemente piacciono, sono stuzzicanti, affascinano. Abbiamo bisogno di credere che l'epilogo sia vicino, e questo spiega altresì la popolarità di alcuni film di fantascienza, o addirittura horror, che prospettano la scomparsa del genere umano. E poi bisogna atterrire, terrorizzare, sconvolgere, angosciare: è anche un metodo per tenere sotto controllo la popolazione. La gente che ha paura è disposta a convincersi di qualsiasi cosa e a compiere qualsiasi azione, necessita di una guida, ha bisogno di affidarsi, di essere rassicurata, di qualcuno che la salvi. Ovviamente per il suo bene. E poi, mettiamo che abbiano ragione. La verità è questa, ve la dico senza mentire: se mai il mondo dovesse finire tra duecento anni, a me non me ne frega assolutamente nulla delle sorti dell'umanità tra due secoli. Me ne sbatto, e in molti la pensano come me. Tanto non possiamo fare nulla, siamo impotenti. E me ne sbatto pure delle biciclette, che è uno dei simboli dell'ambientalismo dei fighetti radical chic. Se prendiamo alcune grandi città, la vita per i disabili è sempre impossibile, essendo pieno di barriere architettoniche, mentre per i ciclisti è un vero e proprio Paradiso. Siamo pieni in tutta Italia di sindaci che costruiscono piste ciclabili come non ci fosse un domani; a Milano hanno massacrato la circolazione in alcuni punti nevralgici della città per costruire percorsi per biciclette, a discapito di parcheggi e automobilisti. Se ne avvantaggiano coloro che devono fare brevi tratti su due ruote, quelli che abitano in centro, insomma i ricchi e i benestanti, mentre sono danneggiati i pendolari e coloro che alla macchina non possono rinunciare, pena il licenziamento. Personalmente, avessi voce in capitolo, trasformerei Milano o qualsiasi altra grande città in un'enorme zona «Bici Free», con tanto di cartello di divieto di accesso: Milano città libera, dalle biciclette.

Bucano le gomme dei suv

Sempre a Milano, c'è qualche teppistello verde che se la prende con i suv parcheggiati per strada, sgonfiando le ruote e lasciando un messaggio scritto sul vetro. Vale la pena di leggerlo, perché in poche righe è riassunta alla perfezione la nuova, delirante ideologia di questi giustizieri green. Ecco il testo: «Attenzione. Il tuo suv uccide. Abbiamo sgonfiato uno o più dei tuoi pneumatici. Ti arrabbierai, ma non prenderla sul personale. Non sei tu, è la tua auto. L'abbiamo fatto perché andare in giro per le aree urbane con un'auto così enorme ha conseguenze altrettanto enormi per gli altri. Le case automobilistiche cercano di convincerci che abbiamo bisogno di auto massicce. Ma i suv e le 4x4 sono un disastro per il nostro clima. I suv sono la seconda causa dell'aumento globale delle emissioni di anidride carbonica nell'ultimo decennio – più dell'intera industria aeronautica. Il mondo sta affrontando un'emergenza climatica. Secondo l'Onu, milioni di persone stanno già morendo per cause legate al cambiamento climatico – siccità, uragani, inondazioni, migrazioni forzate, fame. Finora gli impatti su di te sono stati probabilmente minimi. Abbiamo bisogno di un'azione di emergenza per ridurre immediatamente le emissioni di anidride carbonica nell'ultimo decennio, più della intera industria aeronautica. Stiamo prendendo il destino nelle nostre mani perché i nostri governi e politici non lo faranno. Anche se non ti interessa l'impatto sulle persone lontane da te, ci sono conseguenze anche per i tuoi vicini. I suv causano più inquinamento dell'aria rispetto alle auto piccole. Studi psicologici mostrano che i conducenti di suv sono più propensi a correre rischi sulla strada. I suv sono inutili, è pura vanità. Ecco perché abbiamo intrapreso questa azione. Non avrete difficoltà ad andare in giro senza il vostro succhiabenzina, potete andare a piedi, in bicicletta o con i trasporti pubblici». Firmato «The Tyre Extinguishers». Insomma, questa massa di scalmanati e piccoli delinquenti pretende di fornire istruzioni etiche e pratiche su come campare e come spostarsi alla persona a cui hanno appena prodotto un danno, e che sarà perciò furibonda; il tutto per il suo bene, ovvero per illuminarlo e redimerlo, per indirizzarlo sulla retta via, da percorrere, rigorosamente, a piedi. Quello che impressiona è proprio la presunzione di questi soggetti, i quali stabiliscono che il macchinone non mi serve, che posso camminare o ricorrere alla bicicletta, che l'auto di grossa cilindrata è utile solo al mio ego e alla mia vanità. Ma cosa ne sapete voi, finti e sedicenti democratici, delle mie esigenze?

Il canto degli uccellini

C'è chi buca le gomme di una macchina, chi invece pretende che un'auto circoli alla velocità di trenta chilometri all'ora: sempre e comunque in nome del bene comune, per la nostra sopravvivenza. Succede in molte grandi città, ma il top assoluto lo abbiamo visto a Bologna. I signori della giunta felsinea hanno infatti applicato i nuovi limiti non solo nella zona centrale, ma anche nelle aree limitrofe. Una puttanata colossale, diciamola tutta: qualcuno deve ancora spiegarmi come è possibile inchiodare il contachilometri a quella velocità. Per quello che mi riguarda, la considero un'impresa di notevoli proporzioni. Ma dietro questa decisione c'è una filosofia, una mentalità: la natura è straordinaria, meravigliosa, che bello quando non c'erano rumori molesti, quando si andava meno veloci e le macchine non la facevano da padroni. Basta leggere quello che gli stessi «governanti» bolognesi hanno scritto nel presentare l'arrivo della mannaia: «... ridurre la velocità delle auto di venti chilometri consente di dimezzare il rumore in prossimità delle corsie di marcia, e dare così più spazio ad altri suoni della città, come ad esempio il canto degli uccellini». Il canto degli uccellini? Ma cosa gliene frega secondo voi ai pendolari che stanno andando a lavorare, e sono già imbufaliti, dei sibili di un usignolo? Nulla, meno dello zero assoluto.

No wash

Cari ecoattivisti, ho una proposta per voi. Anziché attaccarmi, invece di ripetere che sono un ignorante, che non seguo la scienza, dovreste portarmi in giro come una sorta di Madonna pellegrina. Sono il vostro simbolo per eccellenza, quello di cui avete bisogno, la persona che tiene di più all'ambiente. Innanzitutto mi lavo una volta alla settimana, dunque non consumo acqua, che peraltro addosso mi dà anche un leggero fastidio, al punto che le bollette che pago sono tra le più basse d'Europa. Un giorno mi hanno chiamato i gestori delle risorse idrauliche per accertarsi che non avessi i tubi bloccati, o che la casa non fosse stata abbandonata. I detergenti liquidi, sapone e altro, mi hanno sempre fatto una certa impressione, una sensazione vicina alla repulsione; uso bagnoschiuma e shampoo con grande parsimonia, di conseguenza non inquino le falde acquifere. Sì, d'accordo, possiedo un suv, tuttavia mi sposto sempre in treno e la macchina non la adopero praticamente mai: non ci può essere scelta più ecologica, anche se non lo faccio per l'ambiente, ma solo perché voglio evitare di guidare. Se posso, sto attento alla raccolta differenziata come nemmeno la Thunberg, eppure mi spaccate i maroni come fossi il peggiore inquinatore della Terra. Portatemi a spalla, su quei troni di un tempo. Portatemi in giro con tutti i capelli unti, la barba sfatta, il sedere lercio, le mutande di tre, quattro giorni con relative croste, i vestiti di una settimana, i calzini che emettono un olezzo significativo perché uso a regime ridotto anche la lavatrice. Ecco, nelle mie condizioni naturali, sono senza dubbio il più efficace testimonial del risparmio ecologico.

Prostituzione e libertà

Se pensi che le lavoratrici del sesso
vendano i loro corpi ma i minatori di carbone no,
la tua visione del mondo è offuscata
dalla tua visione moralistica della sessualità.
Eric Sprankle

Sono andato a puttane

Sì, è vero, lo ammetto. Sono andato a puttane. Per l'esattezza, se desiderate che vi fornisca un dato preciso, è accaduto quattro volte, il che non fa di me un frequentatore assiduo di meretrici, ma neppure un avventore semplicemente curioso. Inoltre, non posso escludere che non avvenga ancora, magari questa sera stessa. La prima volta fu memorabile, un po' come perdere la verginità: non lo dimentichi più. Era il 2006, mi trovavo a Francoforte. Poi è successo nel 2008, a Vienna, al Golden Club. Ho un ricordo preciso di quella nottata viennese perché il giorno dopo feci colazione nello stesso bar dell'ex presidente del Chelsea Roman Abramovič, allora molto potente. Nel 2014, poi, ho fatto una sorta di doppietta con il senatore di Forza Italia Antonio Razzi. Attenzione, cosa avete capito? Il senatore si è limitato ad accompagnarmi, anzi, per dirla tutta, mi ha atteso in macchina e credo pure che si sia fatto una bella dormita nel frattempo. Eravamo a Lucerna. Mi pareva brutto lasciarlo lì da solo, come un cane abbandonato. Per convincerlo, ho garantito: «Onorevole, se mi segue, non se ne pentirà, glielo prometto. Offro io». Mi è sembrato quasi che esitasse, secondo me era quasi pronto a scendere dall'auto. Ha abbassato il finestrino e ha mormorato quasi stizzito: «Io rappresento il popolo italiano, ti sembra opportuno che vada a puttane?». E a me è venuta fuori la solita battuta ridicola di cui pentirsi strisciando per terra un secondo dopo: «Voi politici avete mandato l'Italia a puttane e ora vi sembra brutto andarci anche voi?». E ciao. Non potevo mica insistere, anche perché andare a puttane deve essere una scelta libera, consapevole: proprio come prostituirsi. Il giorno seguente ero a Zurigo, in un club dove me ne stavo a bagnomaria dentro una delle piscine del centro benessere, tutto nudo, insieme ad altri puttanieri. Osservavo svogliatamente questo passaggio continuo di escort, nessuna che mi attirasse davvero. Non che fossero da buttare, sia chiaro. Ma non mi trasmettevano nulla. Così ho fatto una richiesta al proprietario: «Voglio una con le tette enormi, ma davvero gigantesche». Be', un po' come si fa al mercato, quando chiedi al tenutario del bancone le albicocche migliori e lui cerca il modo di soddisfarti porgendoti quelle più carnose e setose, anzi no, quali albicocche, diciamo pure cocomeri, l'esempio diventa più calzante. E non vi scandalizzate, belli, perché si chiama «mercanzia», ed è appunto di questo che si tratta. Da un lato c'è la domanda, dall'altro c'è l'offerta. Sono i rudimenti di economia. Comunque sia, il tizio è tornato dopo un quarto d'ora con una ragazzotta mezza rumena e mezza tedesca, in apparenza notevole sotto tutti gli aspetti. Ed eccoci al primo punto. Voi vi chiederete: «Ma cosa ti dà in più una prostituta?». Nel mio caso, lo devo riconoscere, nulla. Vi racconto: ero convinto che il pompino fosse una pratica basilare, universalmente accettata senza bisogno di troppi orpelli, di troppe discussioni o trattative. E invece no; la mezza rumena mi disse subito di no: soltanto coperto, rivestito, avvolto nella plastica, incellofanato come una bomboniera. Già questo potrebbe ammosciarti, perché rende tutto molto sterile, chirurgico, medicale. Insomma, farsi succhiare il cazzo impacchettato è un po' come farsi leccare una fica con le mutande. Non è tutto. Quando ho cominciato a mettere le mie dita, senza anelli, dentro le sue parti più intime, la gentile signorina bruscamente mi ha fermato, e con fare da specialista in ginecologia e ostetricia ha puntualizzato perentoria: «La lingua sì, la mano no, potrebbero esserci dei germi». Che poi davvero questa non l'ho capita: sulle mani ci sono i germi e sulla lingua no? Non ero più in un bordello ma in una sala operatoria. Certe affermazioni ti ammazzano l'ormone. Il fluire del sangue dentro i corpi cavernosi del mio organo genitale – già non particolarmente esaltato, a causa della mancanza di un minimo di seduzione che serve a chiunque, fuorché al rispettabilissimo maschio allo stato bestiale e per di più in astinenza atavica – a quel punto iniziò una drammatica ma inesorabile decadenza. Segno che l'eccitazione comincia anche per noi uomini dalla testa. C'è di più. Le prestazioni extra, in realtà, e senza rivestimenti in celluloide, le puoi avere, ma solo ed esclusivamente se alzi la posta in gioco, ossia in cambio di più quattrini. Pompino a pelle? No problem: molla la fresca, cioè il denaro, e sarai accontentato. Leccata di passera? Altra fresca. Tutto ha un prezzo, anche il pericolo. Anzi, soprattutto quello. Ma voi riuscite a immaginare il sottoscritto, già mezzo barzotto, che improvvisamente tira fuori i soldi per avere quello che qualsiasi ragazza appena conosciuta garantirebbe senza questa gelida contrattazione? Sì, lo so, lo so, non sono un buono sponsor dei bordelli. Dunque lasciamo da parte la mia esperienza. La lezione che ho tratto dal mio incontro ravvicinato con la tettona mezza rumena e mezza tedesca è questa: il vero potere in quel preciso momento è in mano alla prostituta, non al cliente. È sempre e soltanto lei a scegliere cosa darti o cosa non darti in cambio dei soldi. E tu sei lì, nudo come un verme, che sbavi, vuoi un orgasmo, vuoi ficcare – termine siculo straordinario – e a quel punto, per farlo, saresti disposto a tutto. Non è un rapporto alla pari, nel senso che è lei a dominare, altro che il maschio porco, tossico e approfittatore. Del resto, è arcinoto: le donne con la fica possono conquistare il mondo.

Alla puttana conviene

Veniamo alle cose serie. Possiamo tranquillamente definire la mignotta come colei che si presta a uno scambio spontaneo e volontario di servizi sessuali dietro variabile corrispettivo. Appunto: scambio spontaneo e volontario. Se le parti in causa non fossero consenzienti, quello scambio non si realizzerebbe. Scusate se la metto in modo filosofico, troppo serioso, ma i moralisti a questo ci costringono. Scrive l'immenso Walter Block, autore cui devo tutta la mia lacunosa formazione: «Esistono persone, tra cui le femministe, che deplorano la condizione della povera prostituta oppressa e considerano la sua vita degradante. Ma la prostituta non considera degradante la mercificazione del sesso. Che diritto hanno queste femministe a definire degradante un lavoro che non fanno? Perché discriminano in modo così plateale proprio le donne che dicono di volere emancipare?». Non posso che concordare: i primi a dimostrare disprezzo nei confronti delle prostitute sono quelli che si propongono come i loro angeli salvatori, ovvero femministe e proibizionisti. Le dirette interessate, invece, nella stragrande maggioranza dei casi fanno un altro percorso mentale. Analizzano subito i vantaggi. Sì, analizzano, perché? Ritenete forse che le puttane non siano in grado di ragionare? Prendono carta e penna, e cominciano: i vantaggi, e giù la lista. I vantaggi per esempio sono un orario di lavoro breve e flessibile. E quale lavoro, al pari di quello di puttana, offre tale tipo di benefit? Rispondo io: nessuno. Io, per esempio, che vendo la mia voce, i miei pensieri, e sempre puttana sono, ho un maledetto appuntamento ogni giorno dalle 18.30 alle 20.45 e, cascasse il mondo, lì devo essere. Quanti di voi alle 9 entrano in ufficio e timbrano quel fottuto cartellino, quanti di voi, puttane dei vostri superiori, date sempre un'occhiata all'orologio perché, dopo sette o otto ore, siete impazienti di *beggiare*? Oddio, che termine agghiacciante! No, la mignotta non deve *beggiare* un bel cazzo di niente, pur avendo a che fare coi cazzi. E dunque ne conseguono libertà e, ovviamente, lauti guadagni, tanti soldi, tutti in nero, senza tasse. Ovviamente la escort, intelligentissima e abile, prende in considerazione anche gli svantaggi: e giù la seconda lista. I principali svantaggi sono: clientela poco pulita e spesso repellente, grassoni, puzzolenti, violenti, qualche stronzo che vuole trombare senza preservativo, perché sì, ci sono anche quelli, controlli da parte della Polizia, e altro ancora. Ma alla fine è la prostituta a decidere se iniziare e se continuare a guadagnarsi da vivere prostituendosi. E ciò significa che ella ha scelto consapevolmente e arbitrariamente di svolgere tale professione, altrimenti la abbandonerebbe. So che non sono ancora riuscito a persuadervi al cento per cento. Sicché vado avanti. Nessuno nega che vi siano aspetti terribilmente negativi nell'attività della prostituta: c'è la baldracca che si vende per procurarsi la droga, ci sono i papponi, gli sfruttatori e tutto quello che possiamo immaginare. Tuttavia, ogni lavoro implica di avere a che fare con un'umanità che non sempre ci piace. Ci sono ragionieri strafatti, manager cocainomani, datori di lavoro che non pagano o pagano in nero, così che il lavoratore, sia maschio che femmina, sia giovane che meno giovane, si ritrova a subire condizioni spesso umilianti, degradanti, mortificanti, disumanizzanti, il tutto per pochi spiccioli. Insomma, la presenza degli sfruttatori non esiste solo nella prostituzione. Basta leggere le cronache per rendersene conto. Per caso, chi per campare pulisce la merda trova appagamento e gratificazione nel fare quel mestiere? Avete mai incontrato una badante contenta e soddisfatta di raschiare il culo flaccido di vostro nonno, la quale magari vi ringrazia pure per averle concesso il privilegio di lavare il catetere dello zio ormai oscenamente allettato, malaticcio e nauseabondo?

L'Italia? Paese di ipocriti

Nessuno ha il diritto di giudicare la puttana, e soltanto lei può decidere se quello che fa sia buono o cattivo, giusto o sbagliato, morale o immorale, appagante o avvilente. Nessuno ha il diritto di indicare a una puttana come deve o dovrebbe vivere, cosa deve o dovrebbe fare, cosa non deve o non dovrebbe compiere. Non può farlo un Parlamento, non possono farlo gruppi di scalmanate attiviste, non può farlo un governo, né tantomeno può farlo una cupola etica la quale, arrogandosi un compito che non le appartiene e che nessuno le ha affidato, stabilisca in base al suo codice di valori che no, le donne non possono offrire il loro corpo poiché altrimenti la loro esistenza sarebbe segnata per sempre dall'infamia e dal degrado. Soltanto gli Stati etici e totalitari vietano o tentano di vietare la prostituzione perché la trovano contraria alla morale pubblica. Il nostro Paese ha imboccato, purtroppo, la strada dell'ipocrisia, che forse è ancora più turpe e dannosa del proibizionismo. Il proibizionismo almeno nasconde un pensiero, un'idea, per quanto folle: eliminare il mercimonio del sesso, riscattare la donna, punire severamente il maschio testosteronico e violentatore. Fanno parte di questa schiera di ipocriti e negazionisti della realtà i cattolici integralisti come Mario Adinolfi, quello che, giusto per capirci, considera il pompino alla stregua di un atto di dominazione del maschio sulla femmina. Il pompino, eh. Che se solo le prendono i cinque minuti te lo riduce in poltiglia: tu sei lì, in balia della sua bocca, che in quel momento ti ha in pugno, e se per caso provi a spingere la testa, lei ti blocca e dice: «Guarda che devo darti il consenso, cosa spingi?». Al che tu, spaventato da una citazione in tribunale per bocchino forzato non totalmente consenziente, sei completamente schiavo dei suoi voleri. Ecco, Adinolfi ritiene che la prostituzione rappresenti l'assoggettamento della donna, che il cliente vada punito anche col pubblico ludibrio e che lo Stato non possa farsi pappone legalizzando codesta attività, mettendo il timbro sulle escort. Proibizionista fatto e finito. Ma egli è in buona compagnia. Infatti, fanno parte del suo club altri personaggi, tra cui il mio compagno di avventure radiofoniche, David Parenzo, il quale considera la prostituzione «ripugnante», i maschi che vanno a puttane dei «miserabili» e i bordelli «fabbriche indegne di carne umana». Non un proibizionista, ma quasi adinolfiano. Una del Partito democratico, tale Caterina Bini, nel 2016 ha proposto di fare approvare un nuovo reato, quello di «acquisto di servizi sessuali», con l'obiettivo di «eliminare la prostituzione». Il disegno di legge prevedeva l'introduzione di multe fino a diecimila euro comminate ai clienti, lavori socialmente utili per gli scopatori incalliti, carcere per i recidivi che proprio non ce la fanno a tenere l'uccello in gabbia. Un'altra del Pd, tale Francesca Puglisi, sempre nel 2016, esortò gli uomini a ricorrere alla masturbazione piuttosto che alla prostituzione. Scrisse: «Chi ha bisogno di fare sesso, invece di andare da una prostituta, si faccia una pugnetta!». La signora Puglisi trascura un fatto: le due cose, segarsi e andare a puttane, non sono necessariamente in alternativa. Anzi, la pugnetta, come la chiama lei, è perfetta per rimembrare i momenti lieti passati in un bordello. Ma amen, la vita queste signore non la conoscono. Puglisi, infatti, vorrebbe la rieducazione del cliente beccato in fallo (o con il fallo appena sfoderato) mediante lavori socialmente utili, ma qualora lo zozzone tornasse a peccare, allora scatterebbero le multe o le manette, in quanto, a giudizio della progressista, «il lavoro di pubblica utilità può sostituire la pena non più di una volta». E badate bene, questa gente qui parla seriamente, mica scherza. L'elenco dei membri del club del bigottismo potrebbe essere infinito. Una conduttrice tv, Tiziana Panella, dichiarò alcuni anni fa di essere convinta che «il problema lo risolviamo con le sanzioni ai clienti e una bella fotografia recapitata a casa!», mentre Sara Manfuso, showgirl e opinionista, criminalizza il puttaniere, da lei ritenuto «un poveretto, un omuncolo, alla pari del segaiolo che sta in casa e si masturba usando la mano, unica differenza, il primo usa il denaro». Manfuso reputa altresì il lavoro della prostituta privo di dignità, perché «il corpo non è una merce qualsiasi». Che poi, ragazzi, perché tanta acrimonia verso il segaiolo, che male fa? Forse le donne non si masturbano? E ci sono pure le femministe importanti, considerate vere e proprie intellettuali, come Rachel Moran, le quali vedono nella prostituzione uno «stupro a pagamento», anche se io non ho mai saputo di uno stupro consumatosi con il consenso dell'abusato e previo compenso. Per tornare in Italia, abbiamo le novelle Merlin, come la grillina Alessandra Maiorino, secondo la quale «la prostituzione è un fenomeno di genere poiché riguarda le donne. La prostituzione è violenza contro le donne, probabilmente la più brutale e subdola. La prostituzione è il più grande ostacolo per il raggiungimento della parità tra uomini e donne». Siamo un Paese nel quale un tribunale è riuscito a condannare il povero Emilio Fede per favoreggiamento della prostituzione: aveva portato delle libere signorine a casa di Silvio Berlusconi dietro pagamento. E allora? Siamo un Paese nel quale i giudici della Corte Costituzionale ti spiegano cosa è decoroso e cosa non lo è, come se vivessimo in uno Stato etico, e dunque che la prostituzione, persino ove assolutamente volontaria, è un'attività che degrada e svilisce l'individuo, in quanto, ecco la citazione, «riduce la sfera più intima della corporeità a livello di merce a disposizione del cliente». Prostituirsi, essi sostengono, non è dignitoso. Potete immaginare che cosa gliene frega a quelle ragazze che vanno su OnlyFans per passare da millecinquecento euro al mese a diecimila? Meno di zero, esse ignorano persino cosa diavolo sia la Corte Costituzionale, e fanno bene.

Il caso Salvini

Comunque la questione delle prostitute mi ha talmente preso il cervello che non solo ho cominciato a occuparmene quasi ossessivamente nel mio show radiofonico, ma a un certo punto, era il 2015, ci ho messo la faccia. Sì, proprio io che non ho mai fatto una petizione in vita mia, che odio le raccolte firme e le mobilitazioni sociali, decisi che era giunto il momento: abolire la legge Merlin, tornare alle case chiuse attraverso un referendum popolare. Ero raggiante: mi aveva contattato direttamente Matteo Salvini, leader della Lega, il quale all'epoca era uno che navigava con percentuali elettorali molto basse ma di cui si percepiva che fosse un astro nascente della politica italiana. Ci presentammo dunque in tre negli uffici comunali di Milano, con tanto di telecamere e giornalisti convocati: il sottoscritto, Salvini appunto, e la transessuale escort Efe Bal, turca di origine ma oramai italiana doc. Di questa allegra brigata restano tracce inequivocabili sul web, dove appaiono soprattutto personaggi e figure con una decina di anni in meno sulle spalle. Ero baldanzoso, non dico ottimista, eppure confidavo davvero sul fatto che qualcosa si sarebbe mosso. Che ad agitare le acque del politicamente corretto fosse la Lega, e in generale la destra, non deve stupire. Una volta erano le forze di sinistra a esibire il simbolo della figa accompagnato dal famoso slogan: «Il corpo è mio e lo gestisco io». Un tempo i rivoluzionari a favore del cambiamento erano tutti di sinistra. Un giorno ormai lontano quelli dei tazebao, della goliardia, dello sberleffo e del vaffanculo erano tutti di sinistra. Oggi invece è un continuo invocare le regole, il rispetto, le minoranze, l'inclusione, le punizioni per chi sgarra, anzi per chi pecca, il martellamento ai coglioni sul linguaggio che non offende e che esorta all'amore. Dunque oggi è la sinistra che vuole redimere e correggere la vita sbagliata della puttana mentre la destra, in teoria, vuole la legalizzazione e supporta i puttanieri. In teoria, però. Perché le mie illusioni tramontarono presto. E quel Salvini, una volta andato al potere, si convertì. Da predicatore del bordello legale, da difensore dei clienti e della tassazione delle mignotte, si trasformò repentinamente in baciapile. Invece di Efe Bal e Cruciani, i suoi simboli sono diventati personaggi autorevoli della religione cristiana: si è messo a baciare e brandire rosari, a invocare la Madonna per la vittoria, a esaltare la famiglia tradizionale, nonostante il nostro sia uno Stato laico. Le tasse per le escort? Alla prossima giravolta. Ma con questi, dove vogliamo andare?

Puttane e nucleare

Qualche volta oso fare un paragone che può sembrare senza senso. Forse mi faccio trascinare dalla mia ossessione, eppure io un legame ce lo vedo. In cosa? Allora, come sappiamo, superati i confini italici, i bordelli, i club con donne a pagamento, chiamateli come volete, ci circondano, e nessuno nei Paesi dove la prostituzione è legalizzata valuta seriamente di tornare indietro. Di luoghi di sesso e libertà, così io definisco i bordelli, ne abbiamo ovunque in Svizzera, in Austria, in Germania, in Slovenia, e potremmo continuare. Ogni santissimo giorno assistiamo a una migrazione di puttanieri nei mitologici FKK, sigla magica che in tedesco sta per «cultura del corpo libero». Ogni anno decine di migliaia di persone, italiani arrapatissimi, si recano in questi santuari di civiltà, si spogliano, si mettono un asciugamano intorno alla vita e scelgono con chi passare a pagamento mezz'ora, un'ora, il tempo che vogliono. C'è pure gente che ci trascorre il fine settimana. Che fanno questi? Fottono e portano soldi all'estero, ingrassano le multinazionali che spesso gestiscono i club e poi tornano in Italia. Non si comprende per quale valido motivo dobbiamo favorire l'arricchimento dei popoli limitrofi col sesso, mentre noi osserviamo inermi questa trasmigrazione di connazionali che non sono mostri, bensì persone come noi. Allo stesso modo ci comportiamo da farisei in merito alla faccenda delle centrali nucleari: ne sorgono copiose a poche decine di chilometri dal Brennero, da Tarvisio, da Ventimiglia, dal Monte Bianco, da Chiasso, e spesso la geografia delle centrali coincide con quella dei bordelli. Eppure noi no, le centrali nucleari non le vogliamo, illudendoci, forse, che qualora si dovesse mai verificare un incidente atomico, le nubi tossiche, come per miracolo, si fermerebbero ai confini. Siamo condizionati da quello che accadde a Chernobyl tanti anni orsono, quando molti di voi non erano nemmeno nati. Dunque, sulla scia di quella tragedia, qualcuno ha deciso che, al posto delle bellissime turbine produttrici di energia, sarebbe stato meglio vedere i fiori, condannandoci in tal modo alla perpetua dipendenza energetica e quindi pure alla ricattabilità. Viva le puttane libere, viva il nucleare.

Viva i papponi

Andrebbe rivalutata persino la figura del pappone, del magnaccia, che Walter Block chiama «ruffiano». Ecco un passaggio del libro *Difendere l'indifendibile* di Block, che mi ha particolarmente colpito: «Esiste forse una professione che non annoveri, tra i suoi esercenti, uno che non sia colpevole di comportamenti scorretti? Ci sono muratori, idraulici, musicisti, sacerdoti, medici e avvocati che hanno violato i diritti degli altri. Ma queste professioni non vanno condannate complessivamente come professioni... E così dovrebbe essere con la professione del mezzano... La professione del rapitore di bambini per un riscatto è una professione cattiva; anche se alcuni rapitori compissero delle buone azioni, come per esempio devolvere una parte del riscatto in beneficenza, o perfino se questo lo facesse l'intera categoria, la professione in quanto tale non diventerebbe per questo meno abominevole... La funzione del ruffiano è quella del mediatore. Proprio come gli agenti immobiliari, assicurativi, di borsa, di investimenti, il ruffiano ha la funzione di rendere possibile una transazione fra due parti a un costo inferiore a quello che risulterebbe senza i suoi buoni uffici. Il cliente risparmia inutili e superflui tempi di ricerca e di attesa. È più facile telefonare a un ruffiano per un appuntamento con una prostituta che non utilizzare tempo ed energie nell'andarsela a scovare da solo. Inoltre il cliente ha la sicurezza di sapere che la prostituta è garantita. Anche la prostituta ne trae vantaggi. Guadagna tempo che dovrebbe altrimenti spendere nella ricerca di un cliente. Il ruffiano inoltre la protegge dai clienti poco raccomandabili e dai controlli della Polizia… La prostituta non è più sfruttata dal ruffiano di quanto lo sia un'attrice che paga una percentuale dei propri guadagni a un agente perché le trovi nuovi ingaggi…». Ragionamento inoppugnabile. Gli intermediari, tali sono i magnaccia, esistono ovunque. Perché, oggi, se affitti una casa o favorisci con le tue conoscenze il lavoro di una o cento escort rischi di passare dei guai?

Siamo tutti puttane

La verità è che siamo tutti un po' puttane. E, se ci pensate, non si tratta di un modo di dire goliardico: è proprio così. Tutti, in fondo, cerchiamo di districarci nel mondo con quello che abbiamo a disposizione, con le nostre capacità, le nostre abilità, i nostri talenti, incluso quello di fare bene i pompini, in cambio, ovviamente, di denaro. Anzi, non proprio tutti, ma solamente i più capaci lo fanno e ci riescono. C'è chi usa l'intelletto, quindi la testa, c'è chi adopera la manualità, c'è chi utilizza il proprio sex appeal, o il carisma, c'è chi perfeziona gli studi per affinare le proprie competenze e c'è poi, per l'appunto, chi ricorre al proprio corpo. Il massaggiatore, per esempio: egli sfrutta le sue mani, doverosamente preparate allo scopo. Qual è lo scambio che si realizza quando voi andate dall'osteopata, dall'allenatore, dal fisioterapista? Il professionista vi regala un sollievo fisico, spesso intervenendo sui vostri dolori, sulle parti acciaccate, contratte e invecchiate. In cambio, voi lo remunerate, eppure nessuno avrebbe l'ardire di affermare che quello sia denaro sporco, ottenuto violando la morale. Il massaggiatore gode della reputazione, ossia della buona fama, che la puttana non ha. Il massaggiatore non è vessato, emarginato, visto come pericolo pubblico; la zoccola invece sì. Eppure entrambi si servono delle mani, o di altre parti del corpo, per agire sul cliente. Ed entrambi lo fanno godere, sebbene in maniera differente. Tuttavia, il massaggiatore fa un mestiere riconosciuto e apprezzato, di cui si ritiene che non si possa fare a meno; dal canto suo, la puttana viene osteggiata, di continuo ostacolata, la sua professione è reputata vergognosa ed ella è considerata una femmina di Serie C. Ma cosa fa di male? Nulla. Si limita a esercitare la sua libertà di darla a chi le pare e alla cifra che le pare. E darla per interesse non soltanto è un suo sacrosanto diritto, ma pure garanzia di prosperità e libertà.

OnlyFans è ascensore sociale

Prostituzione significa dunque libertà. Prostituzione è democrazia. Prostituzione è emancipazione della donna. Significa sgomitare, farsi largo, sopravvivere e arricchirsi, capisaldi, questi, della società aperta contemporanea: dove ci sono escort c'è ricchezza, avanza il progresso e si ampliano le possibilità di ciascuno di farsi spazio nel mondo. Basti guardare alla nuova prostituzione virtuale, quella delle piattaforme tipo la già citata OnlyFans. Quante donne o quanti uomini senza arte né parte nella società si sono improvvisamente ritrovati per un periodo, anche breve, benestanti, quindi in grado non soltanto di provvedere ai propri bisogni ma anche di raggiungere un livello economico fino a pochi mesi prima inimmaginabile? Quante persone hanno aiutato le proprie famiglie ad acquistare un immobile, e quante hanno semplicemente speso del denaro, tanto denaro, favorendo dunque aziende e consumi? E a cosa servono i soldi se non a renderci liberi, a toglierci dal bisogno e dunque dallo stato di necessità e di disperazione, acquistando autonomia? Conosco tantissime ragazze, giovanissime, che prima facevano lavoretti precari o mal retribuiti arrivando a guadagnare a stento un migliaio di euro al mese e che invece, adesso, scegliendo senza alcuna costrizione di mettere in mostra i loro corpi e in certi casi anche esibendosi in pratiche sessuali ardite, hanno visto il reddito aumentare fino a dieci volte. Chi siamo noi per giudicare? Tra l'altro, dovrebbe essere un diritto reclamato dai progressisti, eppure oggi nessun presunto progressista di sinistra accetta la libertà di una donna di adoperare il proprio corpo al fine di migliorare la propria esistenza. I radical chic stanno sempre con il ditino puntato o alzato pretendendo, dall'alto della loro arroganza, di insegnarci cosa si fa e cosa non si fa e sostengono che «prostituendoti ti rovini la vita e ti umili». Ma perché non vi fate i cazzi vostri? Lo sappiamo tutti che i soldi servono, eccome se servono. Soprattutto a dire di no agli stronzi, la più alta forma di libertà.

Utero in affitto? Come la prostituzione

Se la prostituzione è in sostanza la compravendita di un corpo, una prestazione in cambio di denaro, parimenti l'utero in affitto costituisce uno scambio, un *do ut des*, consistente in questo tipo di ragionamento: «Io ti fornisco del denaro e tu mi dai un figlio». Nel primo caso si realizza una compravendita di figa; nel secondo, una compravendita di un bambino. Nel caso delle escort, la compravendita si realizza in un periodo breve, a volte brevissimo, a seconda della durata e degli accordi precedenti tra professionista e cliente; nel caso della «gestazione per altri», così la chiamano i puristi, lo scambio dura nove mesi, fino alla nascita del pargolo. So che siete scandalizzati da questo paragone, che invece rende benissimo l'idea. Trovo in clamorosa contraddizione chi è a favore della legalizzazione della prostituzione e invece storce la bocca di fronte all'utero in affitto, che invece consegna alle donne che lo praticano, le gestanti, un considerevole vantaggio economico per gli anni a venire. In alcuni casi, com'è noto, vivendo esse in Paesi sottosviluppati, i soldi che raccolgono sono una vera e propria manna dal cielo. Mi dicono: c'è di mezzo un bambino. E allora? Un bambino quando nasce, nasce. È una vita che nasce, i proibizionisti dell'utero in affitto dovrebbero rendersene conto. Lo fa nascere la scienza, la tecnica, ma cambia poco. Nasce perché ci sono due signori che lo vogliono accudire e far crescere nell'affetto familiare. A mio modesto parere, vale sempre la volontà dell'individuo, la sua libertà di disporre del proprio corpo: come non è degradante affittare la fica o il cavo orale per un quarto d'ora, non è nemmeno schiavitù cedere il proprio utero per la procreazione. Io sono favorevole a entrambe le operazioni, purché sia tutto trasparente, tutto regolarizzato. Scelgo una donna tettona e scelgo un bimbo biondo oppure uno mulatto, anche attraverso un catalogo. Sarete inorriditi, immagino, ma tanto avviene lo stesso. È il mercato. E impedirlo non serve a nulla.

Ringraziamenti

Questo testo trae spunto dal copione di uno spettacolo teatrale, la cui avventura è iniziata il 3 maggio 2024 al Tirinnanzi di Legnano: *Via Crux. Tutto quello che pensate e non avete il coraggio di dire*. I ringraziamenti vanno in primis alle persone che hanno contribuito a realizzarlo. E dunque a Sergio Bertolini, autore di razza e soprattutto amico da tanti anni, capace di sopportare i miei umori con una certa compostezza. Le sue visioni televisive, la sua esperienza nel mettere in piedi uno show, la sua conoscenza del mondo dell'intrattenimento sono state fondamentali anche in teatro e nella redazione dello scritto. Ci scanniamo spesso, ma risolviamo nella stima reciproca. Poi ovviamente Francesco Borgonovo, poliedrico giornalista della *Verità*, ma capace di giostrare su più fronti; non ha bisogno dei miei elogi, ma considero Francesco una delle intelligenze più acute di questo Paese, uno che non ha paura a esporsi in un mondo fatto di ipocriti e codardi. *Chapeau*. Quindi Azzurra Noemi Barbuto. Che dire? La sua velocità nella scrittura, la sua sensibilità, e soprattutto la sua capacità di capire immediatamente il prodotto da realizzare, ne fanno una professionista di primo livello. Discutiamo spesso dei nostri difetti caratteriali, dei nostri limiti, di cui siamo consapevoli. E però credo che la sua capacità giornalistica, unita al coraggio delle idee spesso controcorrente, meriti di essere valorizzata dal mondo della comunicazione. Dietro le quinte, chi non vorrebbe avere nella sua squadra Gilberto Penza? Gibba, così lo conoscono tutti dai tempi d'oro della radio, è ragazzo di testa e fatica, di bosco e di riviera, si dice in altri contesti, insomma uno che si fa scivolare tutto addosso e che va dritto all'obiettivo: in questo caso supportare al massimo un artista, un talent, come si dice oggi, a raggiungere l'obiettivo, costi quello che costi; non conosce soste, né orari, e nei momenti di crisi è un pacificatore nato, un *problem solver*. La nostra amicizia si è cementata in tanti anni, ed è una delle certezze in questo mondo complicato. Non posso dimenticare ovviamente Umberto Chiaramonte, il mio manager, che alla fine tira sempre fuori dal cilindro la soluzione migliore. E, per lo spettacolo, tutta la squadra di Vera, l'agenzia di Paolo Ruffini che lo ha prodotto e portato in scena. Paolo è una persona talmente speciale, che mi prenderebbe a schiaffi se continuassi a elogiarlo, gli piacciono più i miei insulti! Un abbraccio a Massimo Zanetti, che ha realizzato le splendide foto per il mio tour teatrale e l'immagine di copertina di questo libro. Grazie infine alla Cairo e ai suoi collaboratori che mi hanno consentito di realizzare un volume del genere, certamente molto controverso. Viva la libertà!

Finito di stampare nel mese di luglio 2024
per conto di RCS MediaGroup S.p.A.,
da Rotolito S.p.A., Via Sondrio, 3, Pioltello (Milano)
Printed in Italy